P9-ARV-425

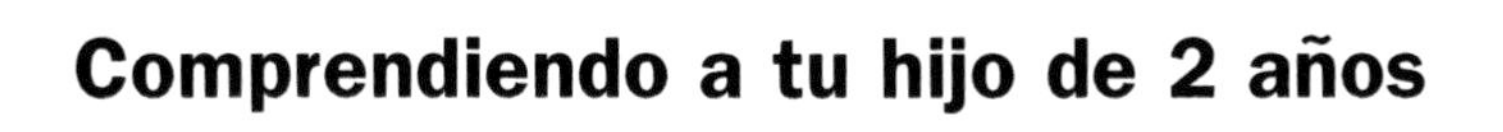

Comprendiendo a tu hijo de 2 años

Nueva Clínica Tavistock

Títulos publicados

0. S. Boswell – *Comprendiendo a tu bebé*
1. S. Gustavus Jones – *Comprendiendo a tu hijo de 1 año*
2. L. Miller – *Comprendiendo a tu hijo de 2 años*
3. L. Emanuel – *Comprendiendo a tu hijo de 3 años*

Lisa Miller

Comprendiendo a tu hijo de 2 años

PAIDÓS

Barcelona - Buenos Aires - México

Título original: *Understanding Your Two-Year-Old*
Originalmente publicado en inglés, en 2004, por Jessica Kingsley Publishers, Londres
Traducción publicada con permiso de Jessica Kingsley Publishers Ltd.

Traducción de Montserrat Asensio

Cubierta de Mª José del Rey
Imagen de cubierta: Stock Photos

ISBN: 978-84-493-1964-8
Depósito legal: B-46.039/2007

Impreso en Book Print Digital
Botànica, 176-178 - 08908 L'Hospitalet de Llobregat (Barcelona)

Impreso en España - Printed in Spain

Sumario

Prólogo

La Clínica Tavistock goza de reputación internacional como centro de referencia para la formación, la clínica de la salud mental, la investigación y el conocimiento. Se fundó en 1920 y desde el principio ha llevado a cabo actividades pioneras en su campo. El objetivo original de la clínica era ofrecer un tratamiento que pudiera ser utilizado como base para la investigación sobre la prevención y el tratamiento sociales de los problemas de salud mental y formar a profesionales en estas habilidades innovadoras. El trabajo posterior se orientó al tratamiento de traumas y a la comprensión de los procesos grupales conscientes e inconscientes, a la vez que se llevaba a cabo un trabajo importante e influyente en psicología del desarrollo. La investigación sobre la muerte perinatal condujo a la profesión médica a una nueva comprensión de lo que conllevan los partos en los que el niño fallece y a desarrollar nuevos modos para apoyar a los padres y a las familias en esta situación. En las décadas de 1950 y 1960 surgió un modelo sistémico de psicoterapia que se centraba en la interacción de los niños y de los padres en el seno familiar y que ha llegado a constituir el núcleo de conocimiento teórico y de técnicas terapéuticas que se utilizan en la formación y la investigación en terapia familiar en la Clínica Tavistock.

La serie «Comprendiendo a tu hijo» ocupa un lugar importante en la historia de la Clínica Tavistock. Se ha editado de forma completamente nueva en la década de 1960, en la de 1990 y ahora, en 2004. En cada volumen, los autores, a partir de su experiencia clínica y de su formación, han intentado reflejar la extraordinaria historia del «desarrollo normal» tal y como se observa y se experimenta en cada momento. La sociedad evoluciona, por supuesto, y también lo ha hecho esta colección, ya que intenta dar algo de sentido a las historias cotidianas que nos muestran cómo un niño en desarrollo interactúa con sus padres, con sus cuidadores y con el mundo en general. Sin embargo, en este escenario cambiante, hay algo que permanece inmutable y es el permanente entusiasmo por una perspectiva del desarrollo que reconoce la importancia de las fuertes emociones y sentimientos que se experimentan en cada estadio del desarrollo.

El mundo del bebé y el del niño de 1 año descritos en los dos volúmenes anteriores de la colección constituyen el contexto de este libro. La autora, Lisa Miller, aún se sorprende al constatar lo pequeño que sigue siendo un niño de 2 años. Lo cierto es que el niño de 2 años no podría sobrevivir sin la ayuda de los adultos y, sin embargo, si tenemos en cuenta los volúmenes anteriores, ¡cuánta experiencia, incluyendo una complicada mezcla de emociones, ha tenido ya en sus dos primeros años de vida! Con sensibilidad y seguridad, Lisa Miller nos ofrece una perspectiva del desarrollo imbuida y caracterizada por las emociones y los sentimientos. Siguiendo la perspectiva general de la colección, no rehúye la ira que aparece en las relaciones ni la frustración que forman parte de la historia del desarrollo normal. Nos muestra la vida tal y como es, en lugar de ofrecernos una visión más vaga y romántica que no admite los conflictos.

JONATHAN BRADLEY
Psicoterapeuta infantil
Director general de la serie
«Comprendiendo a tu hijo»

Introducción

A veces, como padres, nos resulta difícil recordar que una personita de 2 años es todavía alguien muy pequeño. El niño de 2 años ha recorrido un largo camino desde que nació y, al recordar sus primeros días o al mirar las fotografías de recién nacido, puede que nos cueste recordar cuán vulnerable y totalmente dependiente era de bebé. A los bebés se les tiene que hacer todo: no únicamente tenemos que alimentarles, velar por su seguridad, abrigarles y limpiarles concienzudamente una y otra vez, sino que también tenemos que pensar por ellos e incluso, a veces, sentir por ellos; tenemos que interpretar, adivinar y comprenderles por deducción, intuición e interpretación de las señales que nos van dejando.

Cuando llegan a los 2 años, la situación ha cambiado drásticamente. Entre los 2 y los 3 años, los niños emprenden el camino hacia la adquisición y el desarrollo de las habilidades que les permitirán cuidar de sí mismos. En su segundo cumpleaños, el bebé ya se mueve con total seguridad e independencia, puede venir a nuestro encuentro, correr, coger cosas e irse apresuradamente de un modo evasivo y totalmente inoportuno. Ya pueden expresar sus propias opiniones y deseos, piensan por sí mismos, se comunican con mucha expresividad y utilizan el lenguaje con creciente complejidad y fluidez. El concepto de poder asearse ve la luz a diferentes velocidades a medida que aprenden a utilizar el lavabo. No hay duda de que son individuos singulares, con personalidades bien desarrolladas, con gustos y manías, con energía para unas cosas, con pocas ganas para otras y con deseos de independencia.

Sin embargo, esta independencia es relativa. Como padres, nos podemos ver seducidos por la brillantez de lo que consigue nuestro niño de 2 años. A esta edad, algunos niños se convierten en grandes conversadores; otros no paran de hacer preguntas y otros prefieren reservar sus energías para el juego activo o para estar con sus hermanos mayores. Ciertamente, crecen y evolucionan a gran velocidad, pero la verdad es que, con 2 años, continúan siendo personas muy pequeñas. A veces, su deseo de independencia llega a emocionarnos. Un padre comentaba que Robert, su hijo de 2 años, tenía unos recursos asombrosos: podía abrir la nevera, encontrar un *brick* de zumo y ponerle la pajita, y podía coger el queso, desenvolverlo y sentarse a comer y a beber él sólo. Por supuesto, resulta conmovedor ver a este niño demostrando que no necesita a nadie y que puede alimentarse sin ayuda. Sin embargo, todos sabemos que, en realidad, Robert depende totalmente de las personas que llenan la nevera.

El animal humano tiene un período de dependencia muy prolongado y los niños de 2 años tienen escasas probabilidades de sobrevivir por sí solos. Robert no sólo depende físicamente del padre que le compra el zumo y el queso, sino que también depende de él a nivel emocional, y es que los niños de 2 años necesitan gran cantidad de cuidados y de mimos. Los padres a menudo se sienten aliviados al tiempo que un poco tristes cuando pasan los primeros días de total dependencia, pero hay que recordar que el mundo sigue siendo un gran misterio para el niño de 2 años. Y esto es aplicable tanto al mundo real de la cocina, la carretera, el parque, el jardín, la guardería y la casa, como al mundo de los demás, que son singulares y diferentes, con lo que les gusta y lo que les molesta y que no están bajo las órdenes del niño. El mundo mental del niño también le resulta un misterio: el mundo de los pensamientos, las emociones, las esperanzas, los miedos y los deseos.

El niño tiene muchísimas cosas que descubrir en su tercer año de vida. El desarrollo avanza a un ritmo desenfrenado y la capacidad de aprendizaje del niño es tal que quita el aliento, pero todavía necesita la compañía de un adulto la mayoría del tiempo, tanto a nivel físico como mental. Necesita protección, guía, vigilancia y estimulación.

Por otro lado, los niños de 2 años no están únicamente interesados por lo que les rodea, sino que ellos mismos resultan extremadamente interesantes. Todo a lo que este breve libro puede aspirar es a sintonizar con el interés natural que las personas nos tomamos por nuestros hijos. Se puede generalizar sobre los niños de 2 años, porque todos están en el mismo estadio de desarrollo, pero, al mismo tiempo, no hay dos que sean exactamente iguales y hay que recordar que cada uno evoluciona a un ritmo diferente. Los padres de un niño de 4 años pueden mirar hacia atrás y recordar cuánta energía desperdiciaron preocupándose porque su hijo casi no habló hasta que tuvo 2 años y medio. Ellos se preocupaban por esto, mientras los vecinos lo hacían porque su hijo gritaba cada vez que veía el orinal, y sus cuñados, porque las gemelas no acababan de arrancarse a andar. Sin embargo, a los 3 años, todos hablaban, andaban y utilizaban el orinal en mayor o menor medida.

A los 2 años, el niño se encuentra a caballo entre el mundo de los bebés y el de la primera infancia. Quiere ser un niño grande, tiene muchas ambiciones y a menudo puede resultar muy sofisticado a la hora de entender y conseguir cosas. Pero los logros son frágiles; el niño que nos parece tan inteligente se derrumba fácilmente y entonces volvemos a ver al bebé, reclamando los mismos cuidados y mimos que reciben los bebés.

1

La conciencia de uno mismo

Estamos hechos de lo que nacemos, o incluso, yendo más allá, del material con el que nos concibieron, y eso constituye nuestra herencia genética. Pero lo que nos sucede mientras nuestra personalidad se está forjando es igualmente importante. Lo uno interactúa con lo otro. Se ha discutido mucho sobre si es la herencia lo que cuenta o si lo importante es el modo en que nos educan. Evidentemente, no se trata ni de lo uno ni de lo otro (herencia o ambiente), sino que es la compleja interacción entre ambas lo que moldea nuestra personalidad adulta. No hay duda de que nacemos como individuos únicos, con una herencia y un potencial particulares, pero la dirección en que se desarrolla esa herencia y hasta qué punto se aprovecha el potencial se ven muy afectados por las circunstancias que nos rodean. Una bellota nunca acabará siendo un tulipán, pero que se convierta en un roble centenario y gigantesco no únicamente depende de su carga genética, sino también del suelo en que se encuentre y de todo lo que le suceda en él.

A los 2 años, el niño, muy pequeño, está desarrollando de forma clara la noción de ser un individuo, el sentido de que «este soy *yo* y yo hago *esto*». A esta edad los niños empiezan a utilizar las palabras «yo» y «a mí», y más importante que la utilización de las palabras exactas es el significado que les dan. El niño está explorando su propio mundo personal y se encuentra al principio del largo camino hacia la edad adulta, con el conocimiento de que es una persona única y particular.

Explorar el mundo

Al niño de 2 años, el mundo que le rodea le resulta muy interesante y emocionante. Las cosas ante las que el niño de 1 año pasaba de largo con una sonrisa son las que ahora le hacen pensar y sorprenderse. Intelectualmente hablando, el niño de 1 año todavía está ligado al adulto. Si a un bebé se le da un teléfono, es tan probable que se lo meta en la boca como que imite a los adultos y se lo ponga en la oreja. Hagan una cosa o la otra, los bebés dejan que sean los adultos los que se ocupen de las llamadas de teléfono reales, porque son una de las muchas cosas que están más allá de su comprensión.

Para el niño de 2 años, la cuestión resulta totalmente diferente. Como adultos, damos por supuestas una lista innumerable de cosas que hemos aprendido acerca del mundo. Algunas, como el teléfono, no sólo son el resultado final de miles de años de evolución humana, sino que son bastante difíciles de entender si nos ponemos en ello. ¿Cómo puede estar papá en el teléfono? Desde el punto de vista del niño, o papá está aquí o no lo está. De hecho, el «no está aquí» ya le resulta un concepto problemático. ¿Qué quiere decir estar en otro sitio? Por supuesto, al niño le resulta más fácil cuando tiene una imagen mental a la que poder referirse, como «Papá está en casa de la abuela», «Papá está en el garaje» o incluso «Papá está en un avión». Pero ¿qué puede hacer ante la idea de que «Papá está en casa de la abuela y al mismo tiempo está al teléfono para hablar con nosotros»?

El hijo de Lucy, Ned, tuvo que enfrentarse a esto a menudo porque su padre tenía que viajar por trabajo frecuentemente y, por lo tanto, hablaba con él por teléfono muchas veces. Lucy tuvo muchas oportunidades para observar cómo evolucionaba la actitud de Ned hacia las llamadas. Empezó mostrando una alegría sorprendida cuando se daba cuenta de que, a pesar de ciertas distorsiones, la voz que salía del teléfono era realmente como la de papá. Pasó por distintas fases. A veces no sólo se mostraba sorprendido, sino nervioso, y rechazaba el teléfono como si contuviera una magia amenazadora. ¿Es que papá se había metido en esa cajita? Ned justo acababa de comprender que su padre podía estar ausente, pero seguir existiendo; podía pensar que su padre estaba en casa de la abuela, que era un lugar que él mismo conocía bien; pero ¿«en Londres»? ¿Qué es Londres? Y, si se está en Londres, ¿cómo se puede estar en el teléfono al mismo tiempo? Ned progresó hasta poder escuchar a su padre, a veces contento de oírle, otras un poco enfadado, como si no le gustara que su padre estuviera fuera, pero no fue hasta que casi tuvo 3 años cuando empezó a tener conversaciones espontáneas con su padre telefónico, como si hubiera necesitado todo ese tiempo para comprender que podía hablar con su padre por teléfono del mismo modo que cuando estaba en casa.

Se puede pensar que me he extendido demasiado sobre este último punto, pero he intentado mostrar qué complicado le resulta a un niño pequeño aprender y ajustarse a la realidad cotidiana. Hay mucho que aprender, pero cada vez que comprende y domina algo, el niño da un paso más en su grado de madurez. Ned fue capaz de abandonar (o al menos de empezar a hacerlo) la creencia de que el teléfono tenía poderes mágicos a medida que fue comprendiendo, poco a poco, cómo funcionaba y aprendió a utilizarlo. Al mismo tiempo, fue desarrollando tanto la habilidad de hacer cosas él solo como la idea de que era una persona con sus propios poderes, no mágicos, sino absolutamente reales.

«Yo puedo»

Los niños pequeños están aprendiendo lo que pueden hacer y lo que no. Es una edad de extremos. No hay nada tan terrible como un niño enfadado y desesperado y tampoco hay nada tan maravilloso como uno totalmente feliz. Afrontan la vida tomando posiciones extremas y, por lo tanto, el resultado es que se encuentran en un equilibrio muy precario. Del mismo modo que aún se sienten un poco inseguros sobre las piernas, o al menos, aún no han asimilado el concepto de que si corren a toda velocidad sin mirar hacia dónde van, pueden acabar bien magullados, tampoco se sienten demasiado seguros de sus emociones y reacciones. De hecho, se comportan de un modo muy infantil, casi como bebés, y a menudo nos encontramos reprochándoles por ello.

Cuando no pueden con algo, suelen derrumbarse. Sarah no pudo abrir una puerta y se tiró al suelo, berreando; que su padre se la abriera, no arregló las cosas inmediatamente, porque quería abrir la puerta ella sola. No podía soportar la idea de quedarse encerrada fuera, pero tampoco le gustaba que su padre pudiera hacer cosas de las que ella era incapaz. Se sentía pequeña, desdichada y humillada. En otras ocasiones se sentía de un modo completamente diferente, entusiasmada, como, por ejemplo, cuando papá le iba a buscar la bici y ella se ponía a pedalear sintiéndose como una princesita. Su padre, bastante cansado, pensaba a menudo «*Ser* Sarah tiene que resultar agotador».

Sarah podía ser muy mandona y a veces parecía querer imponer su voluntad sobre todo y sobre todos. Es un estado mental que en absoluto llega a su fin a los 3 años, pero es a los 2 cuando nos lo encontramos por primera vez. Es importante ser capaz de reflexionar sobre por qué un niño tan pequeño puede llegar a comportarse así y recordar que puede tratarse de un mecanismo de defensa para no sentirse pequeño y débil.

Parte de la visión extrema que los niños pequeños tienen del mundo tiene que ver con la realidad de su edad y de su nivel de desarrollo. Son físicamente muy pequeños, tan sólo tenemos que recordar que nosotros, los adultos, podemos llegar a ser tres veces más altos que ellos, por lo que es fácil imaginar que les debemos parecer gigantes. Alguien tres veces más alto que un adulto normal podría medir más de tres metros y ser tan grande como un árbol. Les debemos parecer alarmantemente poderosos, repletos de conocimiento y llenos de sorpresas.

Mirándolo bien, es fantástico que los padres sean mayores, más grandes, más fuertes y con más experiencia que los niños y, a veces, podemos ver a un niño a quien le encanta que le cuiden, agradecido de que haya alguien que se ocupe de arreglar las cosas y deseando fervientemente un abrazo, un beso y unos cuantos mimos. Sarah, muy capaz y alegre, también era muy nerviosa y tenía cierta tendencia a derrumbarse. Era como si en la guardería tuviera que obligarse a sí misma a esforzarse muchísimo, corriendo de un lado a otro, como si huyera de la sensación de sentirse insegura o pequeña. Cuando llegaba a casa solía estar de mal humor, no paraba de darle órdenes a su padre, se negaba a comer y acababa con una rabieta enorme. Su padre, que era quien la iba a buscar a la guardería y la llevaba a casa, llegó a la conclusión de que acababa absolutamente exhausta a causa de los esfuerzos que hacía para mantener la calma y simular que era mayor. Creía, de una forma infantil, que ser mayor consistía en ser una persona enorme y omnipotente.

Por suerte, su padre no era un gigante, sino un adulto normal, mucho más grande que Sarah y que pudo darse cuenta de que lo que necesitaba era que la calmaran y la hicieran sentirse cómoda. No necesitaba ni emociones ni distracciones, sino un poco de tranquilidad y de atención. De otro modo, las cosas podrían haber ido a peor y hubiera sido imposible hacer que cenara, se bañara y se fuera a dormir, porque en ese estado su palabra favorita era «No», y podía articularla con una pasión y un convencimiento absolutos.

La palabra «No»

Los niños de 2 años empiezan a descubrir la fuerza que tiene la palabra «No», y en cierto modo eso es bueno. No queremos que nuestros hijos crezcan sin ser capaces de imponerse o de rechazar lo que es malo para ellos. El problema es que los niños de 2 años justo están empezando a crecer y, literalmente, muchas veces no saben lo que les conviene. Empiezan a darse cuenta del poder que tienen. Aunque los bebés pueden manifestar lo que les gusta y lo que no y muestran una habilidad considerable para negarse a hacer lo que no quieren hacer, es en este momento cuando, con una creciente conciencia de sí mismos, los niños empiezan a ver y a comprender que pueden decir «No».

Para empezar, los niños de 2 años son como personas a cargo de una máquina enorme y ruidosa. Carecen de cualquier atisbo de sutileza, y si algo no les gusta pueden rechazarlo con todas sus fuerzas, aunque la última vez lo hubieran aceptado sin ningún problema. Sin embargo, a veces necesitan que se les trate con la consideración que ellos son incapaces de mostrar. Es casi automático, más que tentador, caer en las formas del bebé y unirse a la batalla. Es una batalla en la que el adulto, que es mayor, puede acabar forzando la victoria para acabar sintiendo luego que, de hecho, no se ha solucionado nada.

Por supuesto, en algunas ocasiones no es posible hacer otra cosa que tomar el mando. Una madre, Deb, llevó a su hijo pequeño, Alex, un rato al trabajo. Alex se lo pasó muy bien, pero al final se animó demasiado y empezó a correr entre las mesas para seguir siendo el centro de atención. Deb se dio cuenta de que era el momento de irse a casa y atrapó a Alex, que empezó a gritar. No le prestó demasiada atención, le dijo: «Vamos, Alex», y se lo llevó de allí al tiempo que se despedía de sus compañeros. Entre las ruidosas objeciones de Alex, oyó la voz llena de admiración de un colega que le decía: «¡Vaya, Deb, los crías con agallas!». Alex estuvo gritando todo el rato en el ascensor, Deb le habló con tranquilidad, le sentó en la silla del coche y, al arrancar, vio que se metía el pulgar en la boca y se quedaba dormido. Al día siguiente, ya sin Alex, fue a la oficina, donde el mismo colega le dijo: «Ya veo que luchó contigo hasta el final». Deb sonrió al darse cuenta de que su colega pensaba que ninguno de los dos había cedido.

Éste puede ser un punto digno de consideración. Cuando decidimos enfrentarnos a un niño pequeño, hay una gran diferencia entre tomar las riendas, como hizo Deb con Alex, y saber en nuestro fuero interno que hemos perdido los nervios o que nos hemos excedido y nos hemos enfadado tanto que no hemos sido capaces de reconducir la situación. Debe de haber muy pocos padres que no sepan lo que es sentirse culpables y arrepentidos, porque saben que han perdido el control y han ido demasiado lejos. La cruda naturaleza de los instintos del niño enciende algo igualmente primitivo en nuestro interior y puede resultar muy complicado controlar las propias emociones, decirse «No» a uno mismo y acordarse de lo grandes y potencialmente amenazadores podemos resultar.

Lo que a los niños pequeños les resulta difícil aprender es que la palabra «No» puede ser buena y fundamental. Al menos, les parece que es una palabra excelente cuando la dicen ellos, pero horrible y mal recibida cuando la escuchan. Podemos entenderlo, pero es importante aprender que hay momentos en que es justo y necesario decirnos «No» a nosotros mismos. Hay momentos en que los adultos decimos «No» de un modo amable, y ya está bien que lo hagamos así. Pero en estas etapas, el mundo está lleno de peligros, grandes y pequeños, para los niños de 2 años y la palabra «No» tiene que estar respaldada por acciones y precauciones. No es suficiente decirle «No» a un niño cuando se acerca a sartenes calientes, fuegos, cerillas y planchas: tienen que estar en el fogón de atrás, en un cajón y fuera de su alcance. Pero también tenemos que explicarnos. A veces, pensamos que el niño es tan inteligente y sensato que parece que una simple explicación debería ser suficiente. Pues no. Deb llegó a casa y se encontró con una canguro al borde de un ataque de nervios y a Alex mostrando con tímido orgullo una mano vendada con profesionalidad. Había tocado la plancha.

El impulsivo niño de 2 años

Tal y como hemos visto con Alex, no se puede confiar demasiado en la capacidad de autocontrol de un niño de 2 años. La sensación de que es uno el que está al mando y de aprender de las experiencias pasadas es algo que cuesta adquirir. La mayoría de padres entienden que, al igual que las emociones de un niño pequeño saltan de un extremo a otro, sus impulsos son igualmente inestables y pueden actuar sobre ellos en tan sólo un segundo. «¡Oh, cuidado, tiene tijeras, va a cortar algo!», gritó horrorizada una madre que visitaba a una amiga cuando vio a su pequeña Sophie haciéndole un siete a la cortina.

Todo esto forma parte de la adaptación a la realidad, de aprender a conocer no únicamente el mundo de ahí fuera, sino también el mundo interior. Los niños de 2 años, como Sophie, no pueden ver más allá, ni tampoco pensar sobre las consecuencias de sus acciones o las causas que les impulsan. Adquirir estas capacidades requiere que se tenga sentido del tiempo, del pasado, del que se extraen conclusiones y se aprende, y del futuro, que se llega a ser capaz de prever.

Los niños pequeños no tienen ningún sentido del tiempo. A los padres se les contagia y, a veces, una semana puede parecer una eternidad. En ocasiones, los niños de 2 años dan muestras de una memoria prodigiosa, pero esa memoria aún no es muy sólida y no siempre pueden recuperar contenidos a voluntad. Para la mayoría de personas, los recuerdos conscientes y la sensación de una existencia continua empiezan a los 4 años. Podemos tener *flashes* intermitentes que nos remontan a edades anteriores, pero no es lo mismo. Lo que debemos hacer por los niños pequeños es actuar como memorias auxiliares y proporcionar continuidad a sus vidas. Sin ni siquiera pensarlo, nos referimos a otra vez en que pasó lo mismo y les enseñamos cómo medir el tiempo: lo haremos «cuando tus hermanos vengan del colegio» o «cuando vengas de la guardería» o «mañana por la mañana».

Los niños de 2 años necesitan mentes adultas que les ayuden a dar orden y sentido a lo que, de otro modo, sería una gran confusión existencial. También necesitan que sus vidas sean un tanto predecibles: la rutina es su amiga. Por supuesto, no estamos hablando de una rutina sin sentido, que lo único que consigue es desanimar al niño, sino una que le ayude a moldear su día y que le ofrezca seguridad en el mundo que le rodea. A Sarah, la niña que a veces se alteraba tanto al volver a casa de la guardería, llegó a encantarle la rutina de las tres horas antes de irse a dormir. Aunque la guardería a la que iba era buena, era evidente que la consideraba un reto. Le gustaba seguir la misma rutina cada tarde: que le leyeran un cuento mientras cenaba, jugar un poco con papá después de la cena y ver un vídeo mientras papá cocinaba y esperaban a que mamá volviera a casa. Entonces, mamá estaba con ella un rato, le hablaba y la bañaba. El ritual del baño y de irse a la cama era siempre el mismo, Sarah insistía en ello. La calmaba constatar la constancia del ambiente, una rutina con la que podía relajarse mientras recibía el cariño y la atención de papá y mamá. Esto no quiere decir que todas las tardes fueran como la seda. Sarah era quien era y sus padres tenían que tratar con ella y todas sus facetas. Podía mostrarse dulce, confiada y agradable, o pendenciera, malhumorada y testaruda, pero esto siempre sucedía en un ambiente estable del que ella disfrutaba y que sus padres se esforzaban en proporcionar.

Estabilidad y cambio

El niño de 2 años, que se ve sacudido internamente por toda clase de contradicciones y de impulsos, necesita toda la estabilidad que le podamos proporcionar. Cuando una familia pasa por un período de inestabilidad, el efecto en el niño suele ser muy marcado, porque las cosas ya cambian lo suficientemente rápido para los niños en continuo desarrollo, y eso hace que reaccionen con fuerza a los cambios en la familia. A veces, cuesta darse cuenta de que esto es lo que les sucede.

No es extraño que los padres se preocupen por sus hijos pequeños y no se den cuenta de que lo que pasa es que les están afectando cosas que han sucedido en la familia. En parte, esto sucede porque ni el propio niño de 2 años sabe lo que le pasa. Los médicos, psicólogos y otros profesionales ya están acostumbrados a tratar con padres preocupados porque su hijo ha empezado, de repente, a rechazar la comida, o a despertarse por la noche, o a mostrar ansiedad, tristeza o reclamar mucha atención. Entonces, el profesional pregunta qué tal va la vida en familia y es cuando se descubre que algo ha sucedido. Puede tratarse de una mudanza, de un nuevo hermanito, de un divorcio o de una muerte, y el niño no hace más que responder a esta situación de desorden e inestabilidad. Normalmente, los padres se sienten aliviados cuando descubren que los problemas tienen una causa concreta y recuerdan que los niños de 2 años todavía no pueden reflexionar y comprender lo que sucede; simplemente reaccionan.

2

Aprender a cuidar de uno mismo

El niño de 2 años está justo empezando a aprender a cuidar de sí mismo, pero es un proceso que ya tiene una historia. Algunas de las preocupaciones que ocupan más espacio en la mente de los padres tienen que ver con las necesidades primarias, que están ahí desde el momento en que nacemos. El bebé debe comer y dormir y se le debe limpiar, bañar y vestir. Estas necesidades deben satisfacerse de un modo u otro a lo largo de nuestras vidas, y todas y cada una de ellas tienen que ver con cómo los niños de 2 años aprenden, poco a poco, a satisfacer sus necesidades.

Comer

Los adultos desempeñan un papel muy importante en la alimentación de los bebés, pero para cuando cumplen 2 años, han progresado de tal manera que son capaces de coger una rebanada de pan, beber de un vaso y hasta empuñar una cuchara. ¿Qué significa esto, tanto para el niño como para el padre?

Comer es muy importante: si queremos seguir vivos, debemos comer. No hay nada que haga sentir más feliz y optimista a una madre que un bebé con buen apetito. Tenemos la impresión de que se trata de un bebé con apetito por la vida, que aprecia lo que se le ofrece y que le muestra a su madre que está haciendo un buen trabajo. No hay nada de qué preocuparse. Y, lo que es más, pensamos que comer (ingerir comida) es una especie de prototipo para otro tipo de «ingesta»: hablamos de tener sed de información o hambre de conocimientos. Sabemos que el bebé al que estamos alimentando está haciendo algo más que beber leche: está recibiendo atención y afecto, y aprende cosas sobre la persona que le alimenta. Al final, el bebé es capaz de coger la cuchara él solo, porque una vez que el niño de 2 años ha asimilado que alguien debe alimentarle, es capaz de hacerlo él mismo.

Llegados a este punto, el cuerpo y la mente del niño ya están un poco más diferenciados y aparecen toda clase de actitudes complejas hacia la comida. De hecho, los padres pueden considerarse muy afortunados si consiguen que su hijo muestre un apetito infalible a lo largo de la primera infancia. La alimentación suele ser un área que genera mucha ansiedad y dificultades, porque a todos nos gustaría que nuestros hijos disfrutaran comiendo y lo hicieran sin problemas, pero muchos pasan por fases en que no lo hacen y otros parece que tengan los cables cruzados: la deliciosa comida, que hemos preparado con tanto cariño y que resulta tan necesaria para la supervivencia, les parece asquerosa en lugar de apetecible.

Las madres son particularmente sensibles a los efectos de un niño pequeño que se niega a comer; quizás, una madre experimentada que ya tiene un hijo que normalmente come bien pueda responder con tranquilidad y filosofía ante un bebé que reacciona ante la comida como si se tratara de veneno, pero la mayoría de madres se sienten heridas, porque tienen la impresión de que el niño no confía en ellas o de que no las quiere. Se sienten angustiadas: ¿se morirá de hambre? Y, finalmente, acaban enfadadas. Y no quieren sentir ninguna de estas emociones.

Todo esto nos sirve para mostrar las extenuantes exigencias que los niños pequeños hacen a sus cuidadores, cuando una simple comida puede acabar convirtiéndose en un campo de batalla emocional. Es así, en parte, porque los niños necesitan que sus padres sean muy receptivos a sus emociones, pero también necesitan unos padres que sean capaces de seguir comportándose como adultos. El área de la comida hace vibrar unas cuerdas tan primitivas y profundas que a veces nos cuesta mucho seguir comportándonos como adultos sensatos que saben que perderse una comida, o varias, no implica pasar hambre ni estar malnutrido, que los niños tienen manías pasajeras y que la coliflor puede resultar un veneno para un niño y un manjar para otro.

Kate llevó a su hijo de 2 años, Sam, a comer a casa de su amiga Nora y de sus tres hijos. Kate tenía cierto miedo, porque estaba segura de que los hijos de Nora comían de todo y conocía bastante bien los límites culinarios de Sam. De hecho, eso era decirlo muy suavemente, no tenía ni idea de lo que Nora podía esperar que comiera: no probaba ni los tomates, ni las judías, ni los guisantes, ni la col...

la lista no tenía fin. Pero, por suerte, presentó un menú que a Sam le pareció aceptable e incluso Nora le preguntó cómo había conseguido que comiera coliflor tan fácilmente y la felicitó.

A veces conseguimos atisbar el imaginario de un niño pequeño, que puede estar influyendo en gran medida sobre sus acciones. El mismo Sam, casi un año después y a punto de cumplir 3 años, todavía tenía muchas manías en lo que concernía a la comida. Su abuela había hecho salchichas para comer, cortó un trozo y lo puso en el plato de Sam, que lo empezó a mirar dubitativo. «¿La salchicha quiere que me la coma?», preguntó. Kate pensó que, en esta ocasión, probablemente era bueno que fuera la abuela quien tuviera que contestar, y no ella. Y la abuela contestó, con convicción absoluta: «Claro que sí, para eso son las salchichas», y continuó comiendo sin inmutarse. Kate pensó que podría haber intentado sintonizar un poco más con las dudas de Sam, entender su reticencia y contestar con un poco más de suavidad. De hecho, Sam todavía miraba la comida de vez en cuando como si le preocupara o incluso le asustara.

Y es que el mundo del niño es diferente del de los adultos. Por ejemplo, nosotros tenemos claro que los objetos animados son muy diferentes de los inanimados, que una salchicha no tiene sentimientos, ni pensamientos ni deseos como las personas. Los niños de 2 años no alcanzan a comprender esto y todas las actividades que emprenden (no sólo la de alimentarse) tienen lugar en un mundo diferente del nuestro. De vez en cuando podemos ver cómo son las cosas para ellos, y esto nos ayuda a mostrarnos comprensivos.

Dormir

Otra de las cosas que pone a prueba la paciencia de los padres es la del sueño. Al igual que el rechazo a la comida, la negativa a dormir despierta en nosotros una problemática mezcla de emociones, con la ansiedad y la ira como ingredientes principales.

La dificultad para dormir puede manifestarse de diferentes maneras. Está el niño que no se duerme en su cama, sino que quiere dormirse en el sofá y que le trasladen cuando ya esté dormido, el que insiste en que el padre o la madre se queden con él hasta que se duerma, el que reaparece en el comedor una y otra vez, el que llama a sus padres cada cinco minutos, o el que se despierta cada dos horas por la noche. Y probablemente haya muchas más variantes sobre el mismo tema. ¿Qué tienen en común todos estos problemas de sueño? Quizás, en todos ellos podamos encontrar subyacente la dificultad que tiene el niño para quedarse solo o para entender que es un individuo independiente de papá y mamá.

Si estamos en la cuna o en la cama y esperamos a que nos llegue el sueño, a veces corremos el riesgo de sentirnos solos e incluso desamparados. Esto es parte del precio que debemos pagar para convertirnos en personas independientes: tenemos que desarrollar la capacidad de estar solos. Si nos despertamos a media noche, no sólo nos sentimos solos, sino que también podemos empezar a preguntarnos dónde están papá y mamá. ¿Se habrán ido? Quizás estén haciendo algo juntos y nos han dejado solos. Es probable que todos los niños se despierten por la noche, la diferencia estriba en que unos se sienten tranquilos y contentos porque saben que papá y mamá están en el comedor o en la habitación de al lado y otros se despiertan y se sienten solos y asustados, presa de miedos e imaginaciones que les abruman.

Normalmente, esto (despertarse por una pesadilla, por ejemplo) sucede muy de vez en cuando, pero a algunos niños les cuesta mucho desarrollar tolerancia a la mínima sensación de soledad o de ansiedad. Es evidente que si siempre duermen acompañados, nunca practican el estar a solas ni tampoco aprenden a manejar estos sentimientos.

Frances era una niña pequeña que siempre había dormido en la cama de sus padres. Aunque a veces habían intentado que se durmiera en la cuna, invariablemente se había resistido y, cuando cumplió los 2 años, sus padres ya estaban muy cansados de no tener ni tiempo, ni espacio, ni privacidad alguna. Sin embargo, Frances sufría tal ataque de nervios cuando le decían que tenía que ir a dormir a su habitación, con sus bonitos muebles y decorada con tanto gusto, que siempre se acababan rindiendo. Poco a poco, empezaron a darse cuenta de que debían prestar atención a este problema y reflexionar sobre él, no era una situación que fuera a resolverse por sí sola y sin ningún esfuerzo por su parte.

Cuando empezaron a hablar seriamente sobre el tema, se dieron cuenta de dos cosas. La primera era que ellos no eran los únicos que carecían de una existencia independiente, sino que Frances tampoco tenía su propio espacio, por lo que, en cierto modo, ella también carecía de privacidad. La segunda es que empezaron a relacionar la situación que vivían cada noche con otras que se daban durante el día, por ejemplo la dificultad que tenía Frances para despedirse. Llegaron a la conclusión de que Frances se estaba convirtiendo en una pequeña tirana, y dudaban de que eso pudiera ser bueno para ella.

Cuando actuaron como un frente unido y le explicaron que a partir de ese momento iba a dormir sola en su cama, tuvieron que vérselas con una niñita muy enfadada, pero al final acabó comprendiendo que estaban absolutamente convencidos de que había llegado el momento. Los padres empezaron a ver que ellos, dos adultos, tenían miedo de que Frances pudiera tener una rabieta y de que acabaran enfadados con ella.

Los niños de 2 años pueden despertar una intensa ira en nosotros. Los padres de Frances pudieron ayudarse mutuamente a tolerar la irritación y la frustración al tiempo que permanecían firmes. En este caso, tan sólo necesitaron un poco de tiempo para que Frances aceptara que las cosas habían cambiado, que ahora ya era una niña grande y que su lugar estaba fuera de la cama de papá y mamá.

A veces, los motivos por los que un niño no duerme bien tienen más que ver con los padres que con los hijos. Una pareja estaba viendo un programa de televisión sobre niños con problemas para dormir: una familia (la madre, el padre y Peter, un niño pequeño) se había prestado a seguir el programa de un psicólogo para tratar la repetida negativa de Peter a dormir en su cama. La madre recibió la instrucción de volver a meterlo en la cama cada vez que se levantara y quedarse fuera de la habitación. La cámara siguió a la familia en el proceso, que fue dificultoso y complicado, pero que al final consiguió que Peter durmiera en su cama. Una de las personas que estaba viendo el programa le dijo a la otra que a ver cómo se iban a llevar los padres ahora que tenían tiempo para estar a solas. Casi al mismo tiempo, mientras aparecían los créditos en la pantalla, una voz en *off* dijo: «Desgraciadamente, poco tiempo después de rodar el documental, el matrimonio de Sandra y Jimmy se rompió y se separaron». Evidentemente, la intuición del espectador era correcta: la presencia de Peter y las terribles peleas que habían tenido con él servían para desplazar sus propias desavenencias, que salieron a la superficie en cuanto Peter dejó de ser el foco del conflicto.

Control de esfínteres

El control de esfínteres es otro foco clásico de preocupación y de conflicto. A veces, la gente dice: «¿Para qué preocuparse del control de esfínteres en esta maravillosa época de pañales desechables? Ya aprenderá a su propio ritmo». Por desgracia, aunque algunos niños puedan «aprender a su propio ritmo», muchos de ellos no lo harán en absoluto. Resulta muy tentador creer que todos los problemas sobre el control de esfínteres del pasado eran consecuencia de los intentos excesivamente punitivos o tempranos de imponerlo, pero no es así. No hay una manera sencilla y automática de enseñar a un niño a utilizar el orinal.

Por supuesto, no hay duda de que para algunos niños resulta más fácil que para otros. Thomas acababa de cumplir 2 años y era el pequeño de la familia. El padre le dijo a la madre: «¿No va siendo hora ya de que le enseñemos a utilizar el orinal?». La madre, muy agobiada al tener que compaginar el trabajo con la familia, le gritó airadamente: «¿Por qué no lo haces tú si crees que es tan importante?», a lo que el padre contestó desafiante: «Pues muy bien, lo haré». Entonces, le explicó a Thomas solemnemente que ya no iba a llevar pañales y que iba a utilizar el orinal o, si lo prefería, el lavabo, como los mayores, y que, ese fin de semana, papá se encargaría personalmente de que así fuera. Thomas, que no era muy hablador, le miraba muy serio y huraño, y podría parecer que el sermón no había funcionado en absoluto. Pero sí. Para sorpresa y diversión de su madre, Thomas se adaptó al orinal como un pato al agua y los logros continuaron a lo largo de la semana, con la canguro, alcanzando las cotas más altas cuando al poco tiempo dejó de mojar el pañal por la noche y se lo pudieron quitar.

Evidentemente, tuvieron mucha suerte. Parece que, a pesar de todo, el silencioso Thomas era muy ambicioso. La madre, aunque se hubiera enfadado al principio, se llevaba muy bien con el padre y ambos se querían mucho. Y aunque el enfoque del padre pueda parecer excéntrico, de hecho era tan amable como decidido.

Por el contrario, hay mucha gente que cree haber tenido mala suerte en lo que concierne al control de esfínteres de sus hijos y es una situación que parece concebida para el conflicto. Hacia los 18 meses, el bebé empieza a mostrar interés por la idea de separar la basura (lo que se tira) de lo que tiene valor (lo que se guarda). El problema es que, cuando los padres empiezan a enseñar a su hijo a utilizar el orinal, hacia los 2 años, aparecen dos complicaciones. Por un lado, el niño está absolutamente convencido de que los pipís y las cacas son muy valiosos y no los quiere tirar. Es evidente que el bebé está aprendiendo a discriminar, pero a veces le cuesta un poco acertar. Por otro lado, la reticencia es uno de los atributos del niño de 2 años. Justo empiezan a darse cuenta de que pueden flexionar los músculos, negarse a hacer cosas y estar en desacuerdo. Y si no quieren hacer algo, no lo harán.

Por lo tanto, cualquier cosa puede acabar convirtiéndose en una pelea. Los padres se dan cuenta, a veces con consternación, de que no pueden *obligar* a su hijo a que haga algo al instante. El poder de hacer que un niño coma, duerma o haga pipí en el orinal según nuestra voluntad es muy limitado, especialmente cuando se intenta evitar la imposición. Por un lado, tenemos el deseo del niño de complacer a sus padres, de sentir la calidez que se desprende de saber que se es una persona buena e inteligente y de que se ha hecho feliz a papá o a mamá. También tenemos el impulso hacia el desarrollo, el interés del niño por crecer y desarrollarse, el deseo de hacer cosas nuevas y la satisfacción de la justa ambición. Por el contrario, también tenemos todas las emociones negativas, los «No *quiero* y no lo haré» y los enormes sentimientos de «¡No!» que pueden embargar al niño de 2 años que hay en cada uno de nosotros. También hay angustias que rodean a todo lo que concierne al control de esfínteres. Del mismo modo que los niños pueden tener fantasías acerca de la comida, o miedo a la oscuridad, pueden investir, y con frecuencia lo hacen, a los contenidos de su cuerpo con toda suerte de significados imaginarios. Algunos niños no están convencidos en absoluto de que las cacas sean basura: «¿Por qué son diferentes de otras partes del cuerpo?», «¿Por qué las van a querer tirar o, lo que es peor, lanzarlas al temible lavabo?». Vale la pena observar cómo les gusta a los niños jugar con sustancias que parecen caca (pasteles de barro, arena húmeda, pintura espesa), como si les costara mucho abandonar la idea de que las cacas son maravillosas, incluso mágicas.

Todo a la vez

¿Qué tienen en común todos estos temas (comer, dormir, el control de esfínteres)? Todos son fuentes de ansiedad potenciales en la vida del niño de 2 años. Quizá sea porque todos tienen que ver con el punto central del desarrollo en esta etapa: es una edad en la que se tienen que afrontar hechos cruciales acerca de la separación y de la pérdida para poder avanzar en el desarrollo de la independencia y de la conciencia de sí mismo. Poder comer sin ayuda, enfrentarse a la oscuridad a solas y asumir la responsabilidad de la propia higiene son grandes hitos del desarrollo. Hay que despedirse de la vida del bebé dependiente, una vida en la que nos alimentaban, nos acunaban para dormirnos y nos cambiaban el pañal, para entrar en la vida del niño preescolar, con una visión del mundo más cercana a la de los niños mayores.

Los niños de 2 años no pueden pensar sobre estas cosas, pero perciben que se encuentran en un momento de grandes cambios. Los cambios siempre son turbulentos y la de los 2 años es una época de grandes turbulencias en la que los niños se ven empujados de un lado a otro en su interior, a comportarse como bebés en unas ocasiones y como niños en otras.

Los padres no siempre saben cómo ayudar a sus hijos en esta etapa tan movida. No todos los niños de 2 años son problemáticos, claro que no, pero de un modo instintivo comprendemos que se trata de una etapa difícil para el niño. Podemos ofrecerles nuestra perspectiva de adultos; cuando estamos en forma, podemos ver que todas estas dificultades son pasajeras y que los niños crecen muy rápido. Sobre esta base y con toda clase de recordatorios sensatos por nuestra parte, aunque no podremos hacer que las cosas vayan bien como por arte de magia, sí que podremos acompañar a nuestros hijos cuando se sientan mal y apoyar a esa parte del niño que *quiere* comer solo y correr. Esto no quiere decir que tener 2 años o cuidar de un niño de 2 años no sea duro. Muchas veces nos tenemos que poner en el lugar de nuestros hijos y nos cuesta separar nuestros razonamientos de la empatía que sentimos por ellos.

Tracey tenía dos hijas y la mayor no tuvo ningún problema para dejar el biberón. Lo abandonó definitivamente a los 14 meses, sin gran esfuerzo. Para Jessica, por el contrario, fue completamente diferente. A los 2 años aún quería tomar la leche en el biberón y si Tracey intentaba dársela en una taza cuando ella no quería, Jessica empezaba a gritar, se negaba a beber, se levantaba de la mesa y escondía la cabeza en el cojín del sofá, con el trasero en alto y pataleando. Tracey y Mark, su pareja, cada vez se sentían más incómodos al ceder al chantaje de Jessica, de modo que Tracey se decidió a persistir en el intento cuando Jessica ya se acercaba a su tercer cumpleaños. Les costó casi dos semanas, durante las que a menudo Jessica bebió menos de lo que Tracey pensaba que era necesario, pero ya estaba decidida (aunque a veces también preocupada). Consiguió mantener la calma y recordarle a Jessica que si quería, podía beber de la taza, hasta que al final, y para alivio de todos, Jessica pareció entender que su vida no dependía del biberón. Fue un gran paso adelante, incluso en la mente de Jessica; quizá tuvo la oportunidad de asimilar que su madre podía ser decidida, pero amable, y puede que esto pasara a formar parte del propio carácter de Jessica y de su noción de lo que puede ser una relación con los demás.

3

Relaciones

En este capítulo, examinamos la gran importancia que tienen para el niño de 2 años las relaciones con todos aquellos que forman parte de su vida.

El padre y la madre

Todos los niños saben que sus padres son las dos personas más importantes de su vida. Se presentan dos interrogantes: «¿Quién me ha hecho?» y «¿Quién me ha criado?». Los niños de 2 años están a punto de formularse estas preguntas, que son fundamentales a la hora de establecer nuestra propia identidad y nuestro sentido de quiénes somos. Nuestra herencia genética depende de las dos personas que, de un modo u otro, se unieron para crearnos. Las características que heredamos desde el momento de la concepción y del nacimiento están directamente relacionadas con las personas que nos han cuidado y han ejercido cierta influencia sobre nosotros al aceptar la responsabilidad de cuidarnos.

A menudo, los niños se crían con personas que no son sus padres biológicos, ya sean los abuelos, una tía soltera, padres adoptivos o un hermano mayor, pero la cuestión de los padres biológicos sigue siendo muy importante para todos. Tenemos en la mente la *idea* de nuestros padres, en el mundo de la memoria, de la imaginación y de los sueños y en el de los pensamientos, conscientes e inconscientes, sobre la superficie y por debajo de ella. Esta idea es muy influyente; si, por ejemplo, no sabemos quién es nuestro padre, nos formamos una idea de él a partir de nuestras experiencias de las relaciones, tanto con hombres como con mujeres, nuestras experiencias en la vida, en el cine, en el teatro, en la televisión y en los libros. Del mismo modo, si nos ha criado una mujer que no es nuestra madre biológica, nos formamos una idea de ella a partir de esa persona y del resto de nuestras relaciones y experiencias, variadas y complejas.

También nos formamos la idea de que hay una conexión entre el padre y la madre; una que, en esencia, nos produjo a nosotros.

Probablemente, la manera más sencilla de entender lo importante que son el padre y la madre para un niño de 2 años es observar a uno que viva con los dos y para quien las futuras preguntas «¿Quién me hizo?» y «¿Quién me crió?» tendrán una respuesta sencilla. Sin embargo, vemos que todos los niños de 2 años se construyen la idea del padre y de la madre y a algunos progenitores les puede resultar doloroso el hecho de que ambos sean importantes; pero hay que reconocer la verdad: no existe un niño sin padre.

Mamás y papás

El niño de 2 años todavía está muy ligado a su madre. Mamá es la persona a la que se acude inmediatamente cuando se siente la menor amenaza o malestar. Si no está, se corre hacia la persona más maternal que haya cerca, la persona que nos recuerde más a mamá, la persona que se corresponda más a la idea que uno tiene de mamá. Es objeto de un apego apasionado, la persona de la que el niño depende, a la que admira y quiere por encima de todo. Pero, un momento, hay un problema. Hay otra persona de la que el niño depende y a la que admira y quiere: el padre. No pasa nada si se les puede querer a la vez, pero ¿qué pasa si se empiezan a percibir las demandas enfrentadas? ¿Qué pasa al intentar estar vinculado a dos personas a la vez? ¿Cómo se gestionan las lealtades divididas?

De un modo u otro, debemos enfrentarnos a este problema. Aparece no únicamente porque el niño se da cuenta de que se siente atraído por alguien más que su madre, sino también porque se percata de que mamá tiene tiempo para otras personas. Y aquí tenemos una encrucijada emocional, una situación con la que debe lucharse y que se ha de superar si queremos que el desarrollo emocional progrese intacto. Parte del niño quiere aferrarse a la idea de que tiene una relación exclusiva con mamá; están los dos solos y ya está. Hubo un tiempo en que Chloe casi no dejaba que su tío hablara con su propia hermana, es decir, la madre de Chloe. Gritaba: «¡Vete de aquí!», se ponía a llorar, se enganchaba a su madre y seguía gritando: «¡No hables!».

Por supuesto, hay ocasiones en que papá es el objeto de atracción. El niño pequeño apegado a su madre que quiere meterse en su cama, acurrucado a ella, y echar a papá es el mismo que admira intensamente a su padre, se muere por llevar el coche, utilizar el ordenador o hacer lo que sea que piensa que papá hace. Éste es un conflicto que tardará un tiempo en resolverse: ¿cómo querer a dos personas a la vez?

¿Y cómo se puede permitir que esas mismas dos personas tengan una relación que le excluye a uno? Esto nos recuerda a la pequeña Frances, a la que nos referíamos en el capítulo 2, y a la que le resultaba muy complicado quedarse sola mientras sus padres estaban juntos. Sin embargo, los niños deben permitir que sus padres disfruten de cierta libertad (juntos y por separado). Cuando tienes 2 años, esto resulta muy duro. Es difícil imaginar que mamá se va a algún sitio sin ti, o peor, que haya momentos en que prefiera estar sin ti o con otra persona. Hacen falta unos cuantos años para aceptar esto y el niño de 2 años se encuentra tan sólo al principio del camino. De un modo instintivo, dejamos ir a nuestros hijos suavemente, para asegurarles de palabra y de obra que siguen siendo personas importantísimas para nosotros. La realidad se va percibiendo poco a poco: hay otra mujer en la vida de papá, y es mamá. Mamá necesita la compañía de otra persona: papá. La rivalidad puede aparecer aunque no se trate de parejas reconstituidas. No hay modo de evitarla.

Un nuevo bebé

Y esto nos lleva a la cuestión del nuevo bebé, lo que de algún modo, constituye una prueba definitiva de que algo ha sucedido a espaldas del niño. No quiero decir que un niño de 2 años sepa realmente cómo se concibe un bebé, pero no hay duda de que algo tiene que haber pasado para producir un pequeño rival.

Es normal que las personas decidan tener otro hijo cuando el primero tiene unos 2 años. Parece razonable: el mayor ya no es un bebé, pero es lo suficientemente pequeño para poder ser un compañero para el nuevo hermanito. Es cierto, pero hay un largo camino que recorrer antes de que puedan ser amigos y compañeros de juegos.

Tanto los niños como las niñas se sienten muy interesados por el embarazo. Simon, de 2 años y medio, a menudo sacaba barriga tanto como podía. Cuando le preguntaban qué estaba haciendo, respondía que tenía un bebé en la barriga. Tras oírle varias veces, su madre le explicó tranquilamente que él era un niño y que los niños, cuando crecen, se convierten en padres, y que los padres no tienen bebés. Simon se enfadó mucho y afirmó con vehemencia que él *tendría* un bebé y sería una mamá. Su convicción era tal que su madre decidió que, de momento, lo mejor sería pasar por alto el tema. Simon admiraba y envidiaba la maravillosa capacidad de su madre de tener un bebé en su interior y no podía resignarse a la idea de que él no podría hacerlo. Por supuesto, Daisy sí que podría, pero la idea le hacía ponerse de mal humor: en lugar de decir directamente que tenía bebés en la barriga, se negaba a hacer cualquier cosa que su madre le pidiera: no se sentaba a la mesa, no se ponía las botas de agua, no se bajaba del columpio... Era como si estuviera resentida por las capacidades superiores de su madre, y por eso interfería constantemente con la autoridad materna. Resultaba agotadora, hacía que su madre se enfadara y la ponía al límite. Sin embargo, de vez en cuando, Daisy se derrumbaba y empezaba a llorar, como si estuviera arrepentida al tiempo que asustada por haber hecho enfadar a su madre.

En ambos casos, fue muy bien que hubiera un padre cerca. El padre de Simon le prestó atención extra y, sin ni siquiera darse cuenta, hizo que éste se diera cuenta de que los padres también son importantes e interesantes, así que crecer para convertirse en padre ya no le pareció tan mal. El padre de Daisy permitió que su madre se tomara un merecido descanso, y llevó a Daisy a pasear, proporcionándole también más atención. Daisy empezó a sentirse un poco mejor, como si mamá ya no fuera la única que pudiera disfrutar de todo lo bueno y ya no le resultó tan duro no ser más que una niña pequeña.

Cuando los bebés llegaron, tanto Simon como Daisy reaccionaron con emociones encontradas. Es importante darse cuenta de esto y entender que la llegada de un nuevo bebé inspira emociones contradictorias en los hijos mayores. Por un lado, hay emociones positivas y sienten que tener un hermanito o una hermanita es algo muy bueno; incluso los niños muy pequeños pueden sentir orgullo y ternura ante un bebé. Este tipo de emociones se ven fomentados si el niño siente que tiene padres cariñosos, que se sienten orgullosos de él y que se alegran de haberle tenido. Por otro lado, también tienen emociones más complejas. Los hijos mayores no pueden evitar sentirse un tanto rechazados y desplazados por el recién llegado. Algunos padres pueden incluso recordar cómo fue para ellos: un padre dijo que, cuando era pequeño, no podía entender por qué sus padres seguían teniendo bebés si ya le tenían a él. En muchos momentos, la atención de todos se centra en el recién llegado y, de hecho, a no ser que se lleve al extremo, es así como tiene que ser. No se puede dejar de lado a ningún niño para no perjudicar al otro.

Al niño de 2 años le resulta complicado integrar estas emociones contradictorias cuando él mismo no es más que un bebé todavía, que necesita gran cantidad de afecto y de ayuda. Lo que no resulta útil en absoluto es que los padres ignoren la complejidad de las emociones del niño. A veces nos dicen lo mucho que el niño quiere al nuevo bebé, cuando un observador cualquiera puede detectar indicios de algo bastante diferente. La madre de Ben le comentó a una amiga que había venido a visitarla lo bien que Ben se portaba con su hermanita, pero, en cuanto ella dejó la habitación, Ben, mirando a la visita de reojo, se acercó al sofá con la evidente intención de empujar al bebé al suelo. La amiga se levantó corriendo, Ben se dio la vuelta y la sonriente mamá volvió a entrar, felicitando de nuevo a Ben por ser tan bueno. Aquí hay un problema, porque Ben siente que tiene que atacar a Ruby a escondidas, como si le diera miedo que su madre no pudiera soportar lo celoso que está. Sin embargo, parece que espera algún tipo de ayuda adulta, porque mira a la amiga de su madre, atrae su atención hacia lo que se siente tan tentado de hacer. Con algo de suerte, la hostilidad de Ben saldrá al exterior y no provocará reacciones de sorpresa ni de horror; sería una lástima que tuviera que seguir disimulando y que la relación con Ruby acabara echándose a perder. Si bien es cierto que Ruby necesita que la protejan de Ben, también lo es que Ben necesita que lo protejan de esta hostilidad que no puede controlar. No puede hacerlo solo.

Como hemos dicho, ignorar los celos y la hostilidad no sirve de nada, pero hacer lo contrario tampoco ayuda en absoluto. Daisy, la niña que se portaba mal durante el embarazo de su madre, continuó haciéndolo tras el nacimiento de su hermana. Tiraba la leche al suelo, gritaba hasta que despertaba al bebé y se negaba a ayudar en nada. Su madre se sentía desbordada. Lo único que podía ver en Daisy era una niña celosa y hablaba del tema continuamente con familiares y amigos. Fue precisamente uno de los amigos el que se dio cuenta de lo triste que parecía Daisy y no pudo evitar preguntarse si le habrían dado la más mínima oportunidad de portarse un poco mejor, ya que su madre parecía absolutamente deprimida y convencida de que Daisy nunca se llevaría bien con Annie. Una vez más, al cabo de un tiempo fue el padre quien acudió al rescate, al darse cuenta de que Daisy mostraba reacciones contradictorias ante el nacimiento de Annie, como un gran interés en el bebé que se esforzaba por disimular. Al final, la parte de Daisy que estaba interesada en tener una hermanita pudo emerger a la superficie.

A Daisy le costaba creer que sus padres pudieran querer a dos niñas a la vez. Y ésta es una idea que a los niños les resulta mucho más complicada de lo que creemos los adultos. Les cuesta abandonar la creencia de que lo son todo para sus padres: ya es suficientemente complicado aceptar que sus padres hacen cosas sin ellos, que mamá puede quererles a ellos y a papá a la vez, o que papá pueda hacer lo mismo. Pero una vez el niño puede imaginar, o descubrir por la experiencia, que papá y mamá pueden cuidar de dos niños a la vez, que son capaces de satisfacer las demandas rivales, que el conflicto del amor y del odio puede gestionarse y que todavía le quieren, sin privar de afecto tampoco al nuevo bebé, la confianza en los padres aumenta en gran medida y, correspondientemente, se amplían sus horizontes.

Hermanos y amigos

Evidentemente, no todos los niños de 2 años tienen hermanos pequeños; algunos pueden ser el segundo de tres o más hermanos o ser el más pequeño. Las relaciones con los hermanos son fundamentales a la hora de determinar cómo se establecen las relaciones con los iguales, ya sean compañeros de clase, compañeros de trabajo, vecinos, colegas o amigos adultos. La capacidad de establecer relaciones de amistad con los demás tiene raíces muy tempranas y sabemos que podemos acudir a amistades verdaderas en cualquier momento. Las primeras nociones de relaciones de amistad, de cooperación y de ayuda mutua se adquieren con la experiencia de la relación que mantienen nuestros padres entre ellos y con nosotros mismos en nuestros primeros años de vida. Los niños que crecen en una atmósfera de constantes peleas violentas y maltrato entre los padres difícilmente serán capaces de llevarse bien con los niños de su edad. En nuestros primeros años de vida aprendemos acerca del compromiso, la negociación, el trabajo en equipo, la consideración y la capacidad de perdonar.

Esto se ve fácilmente cuando hay más de un niño en la familia. ¿Y cómo aprende un hijo único acerca de las relaciones con hermanos? Puede ser importante recordar que la de los hermanos y las hermanas, como la de los padres y las madres, es una idea básica, además de ser un hecho en algunos casos. Los niños que crecen con personas que no son sus padres biológicos tienen una idea, fundamental para su desarrollo, de lo que son un padre y una madre. Del mismo modo, los hijos únicos desarrollan una idea de lo que son los hermanos y las hermanas, en base a la combinación de la experiencia, la imaginación y la fantasía. Tal y como nos indica el sentido común, es esencial que el hijo único también experimente lo que es dar y recibir, la rivalidad, y los problemas que surgen de las relaciones constantes y cercanas con gente de su propia edad.

Nathan era hijo único y sus padres no pensaban tener más niños, cosa que les hacía sentir un tanto culpables. Sin embargo, la madre estaba dispuesta a aprovechar al máximo una familia que vivía cerca de ellos. Se llevaban bien con los padres, que tenían tres niños, y cuando Nathan cumplió 2 años empezó a tomar parte regularmente en actividades con los otros niños y su madre. Al principio, Nathan estaba bastante desconcertado y se aferraba a su madre, a pesar de que los otros tres niños se mostraban muy amistosos. Su madre se sentía nerviosa y algo avergonzada por el comportamiento de Nathan, hasta que, reflexionando un poco, se dio cuenta de que no había conocido a muchos niños de su edad; a niños mayores, sí, pero de su misma edad, no, por lo que quizá no era tan extraño que se pusiera un poco nervioso. Así que perseveró en el intento, en parte porque se llevaba muy bien con la otra madre y la relación era tan beneficiosa para Nathan como para ella. Ambas familias salieron ganando con la relación: los tres niños y Nathan se hicieron muy amigos y bastante tiempo más tarde, cuando Nathan ya iba a la guardería, seguía considerándoles como sus amigos más especiales.

Puede que esto suene demasiado optimista. Los hermanos y las hermanas no son famosos precisamente por llevarse siempre bien. Cuando tratamos con niños en edad preescolar, es importante tener en cuenta que los niños pequeños carecen de autocontrol y que necesitan la ayuda, protección y atención de los adultos. Todos tenemos un abusón en nuestro interior que puede despertarse fácilmente, sobre todo cuando somos pequeños. A veces, los niños de 2 años necesitan que los protejan de los niños mayores, del mismo modo que Ruby, la bebé, necesitaba que la protegieran de su hermano Ben y de su deseo de tirarla del sofá y devolverla al lugar del que había venido. Ni el abusón ni la víctima ganan nada si los adultos no aceptan la responsabilidad que les corresponde.

En la búsqueda de amigos para Nathan, sus padres se alegraron al darse cuenta de que muchos de sus amigos tenían hijos de aproximadamente la misma edad que el suyo, por lo que la amistad podía extenderse a toda la familia. Una de estas familias incluía a un niño de 4 años, Danny. Los padres de Nathan pensaron que sería positivo que jugara con un niño un poco mayor que él, pero, poco a poco, se hizo evidente que iba a ser un problema. Los padres de Danny tenían dificultades en su matrimonio y los de Nathan entendían que era normal que eso afectara al niño, pero igualmente se preocuparon al ver cómo se comportaba con Nathan. En la superficie, Danny parecía haberse endurecido: su madre decía que insistía en llevar el pelo muy corto, como los niños mayores, y botas grandes, de niño mayor. Corría de un lado para otro, mandándole cosas a Nathan y gritándole o empujándole si no lo hacía lo suficientemente bien, así que Nathan estaba bastante asustado. Sus padres se fueron preocupando cada vez más, cuando, al paso de los meses, no cambiaba nada. Los padres de Danny le reñían y le castigaban, pero lo único que conseguían era que llevara sus actividades en secreto: salía al jardín con Nathan y, al cabo del rato, Nathan volvía solo y llorando.

Tras mucho reflexionar, los padres de Nathan decidieron que las cosas no podían seguir así; puede que lo mejor hubiera sido hablar con los padres de Danny, pero no lo veían viable, así que la única solución posible era encontrar el modo de evitar que Nathan se quedara a solas con Danny. Los padres de Nathan estaban convencidos de que debían anteponer el bienestar de su hijo a todo lo demás, pero al mismo tiempo eran capaces de darse cuenta de que Danny tenía problemas y que pasar horas maltratando al sensible Nathan tampoco le ayudaba mucho. Podríamos pensar que la vulnerabilidad de Nathan le recordaba a Danny su propio lado sensible, que estaba desconcertado, asustado y herido por los problemas de sus padres. Al atacar a Nathan, Danny intentaba luchar contra su propia vulnerabilidad.

Por otro lado, Nathan era un niño de verdad, sufría de verdad. La relación con Danny era negativa para él y dañaba su fe en la amistad y la cooperación, además de mostrarle lo desagradable que resulta estar en la posición de víctima. La otra opción, si no quería ser una víctima, era unirse a Danny. Y cuando esto empezó a suceder, cuando los padres vieron que Nathan empezaba a copiar a Danny, que corría de un lado para otro y hablaba animadamente de matar a gente, decidieron que ya era suficiente.

Vale la pena recordar que los niños que abusan de otros tienen problemas; cuando se trata de niños pequeños, la situación puede remediarse mucho más fácilmente que cuando ya son adolescentes. Por supuesto, esto también puede darse entre hermanos y supone una fuente de gran preocupación cuando se convierte en un patrón de conducta fijo en el tiempo.

La agresión que se puede observar en los niños de 2 años no está tan estructurada como la que hemos visto en el pobre Danny. La madre de Jessica la llevó a jugar a la zona de arena del parque, cerca de una niña más pequeña que se puso a gatear hasta que alcanzó el cubo que Jessica había traído. Antes de que su madre pudiera pestañear, Jessica se dio la vuelta y golpeó a la niña en la cabeza con la pala de plástico. Tracey, la madre de Jessica, saltó del susto: «¿Era ésta su Jessica? ¿La misma Jessica que jugaba tranquilamente con sus primos mayores y que respondía con amabilidad aunque su hermana mayor se pusiera demasiado pesada?». La niña pequeña se puso a llorar y Tracey tuvo que pedir perdón a la madre de la otra niña y decirle a Jessica que no hiciera eso nunca más. Tras unas cuantas escaramuzas parecidas, todo volvió a la calma, pero no sin que Tracey tuviera que cambiar un poco la imagen que se había hecho de Jessica hasta entonces. Se dio cuenta de que tenía que ajustarla para admitir el hecho de que podía llegar a ser tan impaciente como su hermana mayor. Jessica parecía una niña de buen carácter, alegre y a la que le resultaba fácil relacionarse con niños mayores, pero ahora su madre veía que tenía sus propias ideas y sentimientos hacia los rivales más pequeños. Esta Jessica era la misma que tuvo problemas para dejar el biberón; parecía que ser la más pequeña le resultaba una posición muy cómoda y no estaba dispuesta a cederla con facilidad.

A otro nivel, hay que recodar que Jessica, como todos los niños de 2 años, tenía una lección importante que aprender, una que todos debemos ir reaprendiendo a lo largo de nuestra vida en mayor o menor medida. Es la que nos enseña que todas las personas son individuos como nosotros, con sentimientos, pensamientos, susceptibilidades, esperanzas y miedos. El niño de 2 años sólo está empezando a sentir empatía y preocupación por los demás. El niño no puede tener estos sentimientos hasta que, como en este momento, se da cuenta de que el otro es una persona independiente, con una vida propia. Cuando Jessica le dio a la otra niña con la pala, tan sólo la veía como una molestia de la que tenía que deshacerse. No tenía la capacidad de pensar cómo se sentiría si alguien le diera con una pala a ella. De hecho, sabemos que la historia de Jessica nos mostraba que no le importaba que sus primos o su hermana mayor le cogieran sus cosas, era conocida por ser capaz de seguir de buen humor y buscarse otro juguete. ¿Había estado evitando enfadarse? ¿Estaba ahora, a los 2 años y medio, empezando a darse cuenta, muy a su pesar, de que tenía que pensar que los demás podían sentirse mal?

Resulta interesante darse cuenta de que a la serie de ataques a niños pequeños por parte de Jessica le sucedió, al cabo de un tiempo, un período en que se volvió particularmente atenta con las criaturas pequeñas: mascotas, muñecas, bebés en cochecitos... Sus padres no se habían equivocado al considerar que Jessica tenía buen carácter, pero era un ser humano y, como el resto de nosotros, tenía partes mejores y partes peores; el hecho de que sus padres pudieran entenderlo le resultó de gran ayuda.

Guarderías, canguros y cuidadores

Hemos visto cómo se va convirtiendo el niño de 2 años en una criatura sociable. Los padres toman sus propias decisiones acerca de quién y cómo va a cuidar de sus hijos. Suelen sentir que la decisión es importante y que tienen que tener en cuenta las necesidades de toda la familia. No resulta fácil hacer tomar este tipo de decisiones, porque, en la actualidad, somos conscientes de la importancia que tienen las experiencias tempranas a la hora de construir al futuro adulto, así que es normal que decidir quién va a cuidar de nuestros hijos nos provoque cierta ansiedad.

Éste no es el lugar para tratar el tema en profundidad, pero sí que pueden resultar pertinentes algunas breves ideas acerca del cuidado de los niños de 2 años. ¿Qué necesita el niño de 2 años? ¿Cuáles son las ventajas de los diferentes tipos de cuidado?

Las ventajas de un centro de día, como una guardería organizada, ya sea a media jornada o jornada completa, son evidentes. Los padres se evitan los problemas asociados a tener una única persona, por ejemplo una canguro, a cargo de su hijo. El problema principal suele ser que no siempre se puede contar con ellas. Si *tienes* que estar en la oficina, resulta atroz que la canguro se haya hecho daño en la espalda o que nos llame para decirnos que ya no vendrá más. Sin embargo, los padres que escogen a alguien para que haga el trabajo, suelen hacerlo desde el convencimiento de que el niño de 2 años necesita establecer una relación real con la persona a quien se le confía. Es importante asegurarse de que en la guardería haya suficiente atención adulta para todos los niños. El bienestar físico de los niños no es lo único que depende de la presencia de un adulto lo suficientemente interesado en ellos como para estar realmente atento; el desarrollo psicológico infantil depende de algo similar. El niño de 2 años necesita la compañía de una mente pensante adulta durante la mayor parte del tiempo. Sólo aprendemos a pensar si piensan en nosotros. Y algunos niños que van a la guardería aprenden demasiado a no pensar en absoluto.

Dicho esto, el niño de 2 años siente verdadero interés por los otros niños y se beneficia de jugar con ellos y de ir estableciendo cada vez más relaciones. Si se tiene una canguro, es importante garantizar que el niño se relacione con otros de su edad. Los grupos de niños (en escuelas de música, en bibliotecas, en parques) son merecidamente populares. Satisfacen a la perfección las necesidades del niño de 2 años: pueden quedarse cerca del adulto que les ha traído si les apetece, pero en cuanto están listos, pueden unirse a la acción.

No hace falta decir que lo principal, independientemente del tipo de cuidado que escojan los padres, es que estén bien informados acerca de todo lo que sucede. Esto no sólo implica escuchar lo que se nos dice, sino que también debemos estar muy atentos y ejercer toda nuestra capacidad de observación. Las «mentes pensantes» más importantes para el niño de 2 años, de quienes depende y en quienes confía, son sus padres. Y son estas mentes las que tienen que ir resolviendo las dificultades que aparecen en la vida del niño de 2 años, y no únicamente ocuparse de proporcionarle placeres.

Todos los tipos de cuidados, ya sea la madre a jornada completa o la guardería durante todo el día, pueden tener como resultado un niño de 2 años feliz y en pleno desarrollo. Pero esto no quiere decir que todo valga, y es normal que, de vez en cuando, nos sintamos inseguros de la decisión que hayamos tomado y que incluso, si miramos hacia atrás al cabo de los años, pensemos que ahora lo haríamos de otro modo. Lo hacemos lo mejor que podemos en cada momento.

4

El desarrollo del cuerpo y de la mente

El juego

El juego constituye el trabajo del niño de 2 años, que juega desde el mismo momento en que se despierta por la mañana. Antes de que entrara en la habitación de sus padres, por la mañana, ya se podía oír a Sam hablándole a Perico, su conejo de peluche. Perico era su *alter ego*, su otro yo, alguien que siempre le hacía compañía. Por supuesto, Perico nunca contestaba, seguía siendo un bonito muñeco de peluche que cantaba una canción de cuna si se le daba cuerda. De este modo, Sam estaba en camino de saber apañárselas solo, de entender que cuando se despertaba no había nadie más en la habitación. Estaba en camino de aprender la diferencia entre la realidad y la fantasía; también estaba empezando a pensar acerca de la naturaleza de la amistad y ciertamente sentía afecto por algo que era un poco menos que él. Observemos que, en unos cuantos minutos, Perico, el conejo de peluche, podía desempeñar una serie de funciones muy complejas.

Un niño de 2 años, como Sam, no piensa únicamente con la cabeza. Piensa jugando; el juego es el modo en que el niño satisface su necesidad de explorar el mundo real y el mundo de su mente y de sus emociones. Sam jugaba de esta manera sólo durante unos minutos y, aunque esta fase no dura mucho, los niños de esta edad practican el pensar por sí mismos así. La madre de Daisy la oyó hablar sentada al lado de una pila de hojas y de piedras con las que estaba jugando: «Muchos niños, muchos, se han ido», decía una y otra vez. Estaba muy concentrada y no podemos saber qué estaba pasando por la mente de Daisy en esos momentos, pero se comportaba como si estuviera reflexionando sobre un tema de gran importancia y relacionado con la pérdida.

Está el juego en solitario y en compañía. El niño de 2 años está empezando a captar la idea del juego en compañía y estos inicios suelen implicar a un adulto o a un niño mayor. A Sam le fascinaba el personaje de *Bob the Builder*.* Y no estaba solo, este energético personaje de televisión atrae a muchos niños pequeños. Así que a Sam le regalaron un juego de *Bob the Builder*, con un casco de construcción amarillo y un juego de herramientas de plástico en un maletín. Cuando vio el casco, abrió los ojos desmesuradamente, asombrado, como si no se pudiera haber imaginado algo tan maravilloso. Al

* Personaje de animación muy popular en Gran Bretaña. Trabaja en la construcción y, junto con su compañera Wendy y una variedad de maquinaria antropomórfica, se dedica a arreglar todo lo que encuentra en su camino. (*N. de la t.*)

principio no se lo quería poner, parecía como si no estuviera seguro de merecer tal honor. Sin embargo, se le pasó enseguida y jugó a ser *Bob the Builder* durante mucho tiempo. Le pidió a su madre que jugara con él, porque el programa introdujo a un nuevo personaje llamado Wendy y, fuera como fuera la Wendy original, la madre de Sam se convirtió en una Wendy que no únicamente ayudaba a Bob, sino que era prácticamente su sirviente para hacer lo que se le pidiera y, además, sin rechistar.

Sam jugaba y pensaba cómo sería ser un hombre adulto. La reacción inicial ante el maravilloso casco amarillo nos muestra cuán imponente siente que debe de ser este hombre. También lo considera un señor autoritario, que le dice a Wendy lo que debe hacer, importante y poderoso, con sus espléndidas herramientas, casi mágicas. Evidentemente, la idea que tiene de un hombre adulto es la de un niño pequeño, no es realista, pero está explorando sus propias ideas y emociones, al tiempo que el mundo del trabajo y de la cooperación, todo al nivel de desarrollo que necesita. Su madre pensaba que su pose señorial era encantadora y dulce, apropiada para su edad; obviamente, no sería lo mismo si se tratara de un niño mayor que le estuviera ordenando cosas.

A veces, el juego tiene que ver con el tanteo de las capacidades físicas. Durante el año que va del segundo al tercer cumpleaños los niños evolucionan mucho en su desarrollo madurativo: de ser todavía bastante inestables, pasan a ir adquiriendo cada vez un mayor dominio de sus cuerpos a la hora de correr y trepar. Obviamente, el desarrollo físico siempre tiene implicaciones psicológicas. Cuanto mejor puedas hacer algo, menos tienes que confiar en la magia o en la fabulación. Adquirir habilidades va más allá del hecho de que resulta esencial ser capaz de correr y de saltar y de que el cuerpo necesita ejercicio y de que la actividad física es buena para los niños. También tienen la sensación de estar al mando de sí mismos, tal y como debe ser.

Gran parte del juego tiene que ver con el aprendizaje. Es increíble pensar en cómo aprende un niño a andar, trepar y correr: mediante la práctica incesante. Muchos niños se levantan del suelo tras caerse y lo vuelven a intentar una y otra vez. Del mismo modo, el juego imaginativo sirve para ampliar y ejercitar la mente y así hacerla cada vez más fuerte. Sabemos que el pensamiento y la emoción coexisten muy cerca el uno de la otra y son muchas las maneras en que los niños exploran sus sentimientos y aprenden a pensar sobre cuestiones que requieren esfuerzo. Por ejemplo, es muy frecuente que los niños que han estado ingresados en el hospital o han recibido cualquier tipo de tratamiento médico encuentren consuelo y satisfacción jugando con un botiquín de juguete. La estancia en el hospital pone a prueba la confianza del niño: «¿Cómo puede ser que los médicos sean buenos y útiles si te hacen daño?», «¿Cómo puede ser que papá y mamá se alíen con el médico y le ayuden en vez de acudir en tu defensa?». Por supuesto, esto requiere ciertas explicaciones y también pura comprensión, pero, cuando todo ha pasado, siempre hay lugar para jugar a los médicos, para representar la explicación o ponerle una inyección a Perico, el conejo.

Libros

A todos nos han dicho que ojeemos libros con nuestros hijos y que se los leamos: a casi todos los padres les gusta hacerlo, y es muy interesante reflexionar sobre lo que un niño puede obtener de ello. A muchos niños de 2 años ya les gusta ojear libros y escuchar historias y, si no les gusta todavía, es un buen momento para empezar. Aunque mirar los dibujos en solitario puede resultarle agradable a un niño de esta edad, no logrará mantener su atención durante mucho tiempo. Por el contrario, la experiencia de sentarse con un adulto que le lee una historia es muy diferente, porque hay una interacción afectuosa; es algo que se hace con otra persona. El niño de 2 años no sólo se acurruca junto al cuerpo del adulto para que le lean, sino que también se acerca a la mente adulta. El adulto ayuda a mantener el interés y la atención del niño, atrae su mirada hacia los dibujos y le ayuda a que siga el hilo de la historia. Y éste sigue a una mente que lo entiende todo a lo largo del libro.

El abanico de libros que le puede gustar a un niño de esta edad es muy amplio. Todavía les gustan los libros para bebés, por ejemplo, los libros de ilustraciones que les muestran versiones realistas y reconocibles de objetos que ven en su vida cotidiana y representaciones de situaciones más complejas, pero igualmente conocidas, como un padre limpiándose los dientes, una madre hablando por teléfono con un bebé en el regazo, un niño en una trona, etc. Y a partir de aquí, pueden surgir conversaciones.

Algunos libros para niños pequeños pueden transmitir mensajes importantes y relevantes que estimulan al niño a reflexionar. Hay muchas variaciones sobre el tema «un nuevo bebé», tema que es relevante aunque no haya ningún nuevo bebé en camino, porque muchos niños empiezan a preguntarse sobre ello entre los 2 y los 3 años. Alex, el más pequeño de cuatro niños y definitivamente el último en la mente de su madre, le preguntó a ésta que cuándo pensaba tener el próximo bebé. Hay libros que utilizan gatos que tienen que adaptarse a la llegada de una nueva camada de gatitos y también hay muchos que tratan de perros que tienen que aprender a no gruñir ante los cachorros recién llegados. El mensaje que todos transmiten es que, aunque se quiera al nuevo bebé, a ellos también se les sigue queriendo.

Los libros de este tipo ejercen la misma función sobre los niños que el arte de todo tipo sobre los adultos. Les abren la mente a cuestiones complicadas y hacen que la idea se vuelva manejable, llevándoles a reflexionar sobre ella. Muchos libros que apasionan a los niños pequeños complementan sus experiencias cotidianas y les presentan un amplio rango de nuevas cosas, sitios e ideas. Los niños tienen sus propios gustos y preferencias, un libro le encantará a un niño y aburrirá a otro. A Sam le cautivaba un libro que trataba de unos polluelos de lechuza que se quedaban solos porque su madre se iba, pero luego volvía. Sarah quería que le leyeran la historia de los tres cerditos una y otra vez. Daisy estaba fascinada por las historias de *Rupert the Bear*,* aunque su madre pensaba que no las podía

* Personaje de dibujos animados. Es un oso que vive en el bosque con sus amigos y pasa por peripecias que suelen ensalzar el valor de la amistad, la cooperación, etc. (*N. de la t.*)

entender del todo. Los libros son un modo muy importante de satisfacer la natural sed de conocimiento del niño; claro que no son la única manera, pero dejarlos de lado sería una lástima.

Juguetes y juegos

Muchos somos amargamente conscientes de que los niños no siempre juegan con los juguetes tan caros que les regalamos. En nuestra sociedad de consumo, muchos niños acaban con gran cantidad de juguetes, que pueden ser totalmente inofensivos, pero que no son realmente necesarios, ya que un niño siempre encuentra algo con lo que jugar. Muchos niños de 2 años se contentarán tanto con una pequeña sartén y una cuchara de madera, o algunas piedras y palos del jardín, como con juegos de representación más elaborados; pero, por supuesto, a padres, abuelos, tíos y tías, les encanta regalar juguetes, muchos de los cuales ciertamente proporcionan gran placer.

Normalmente, son los juguetes más sencillos, los que han resistido el paso del tiempo, los que proporcionan la diversión más duradera: los ladrillos y cubos de construcción, las cocinitas, los coches, los trenes, los peluches y las muñecas ofrecen muchas oportunidades para que los niños de 2 años ejerciten su motricidad fina y sus capacidades cognitivas.

Imaginación y fantasía

Al reflexionar sobre el juego y los libros, hemos visto que la imaginación del niño de 2 años es muy activa. A veces es casi demasiado activa y llega a descontrolarse. El niño de 2 años no tiene un sentido de la realidad afianzado y correctivo y las pesadillas o miedos infantiles pueden causar mucho malestar en los años preescolares. Una noche Sarah se despertó llorando desconsoladamente y muy asustada. Su madre descubrió que se había asustado de un pequeño estante victoriano que había en la pared de la habitación de la niña. Lo examinó cuidadosamente y se dio cuenta de que las molduras podían parecer la cara de un hombre. Enseguida dijo: «Vaya cosa vieja y fea, me la llevo de aquí», y lo hizo desaparecer. Probablemente era mucho más apropiado hacer esto que intentar explicarle a la pobre Sarah que no había nada que temer. Por supuesto, en ocasiones es necesario dar explicaciones, pero la madre de Sarah pensó que esta vez había hecho lo correcto cuando la niña dijo «Bien» y sollozando muy suavemente volvió a dormirse. Podemos imaginar que lo que sucedió es que Sarah tuvo una pesadilla, se despertó y se encontró con que la pesadilla era real: un hombre horrible la estaba mirando desde la pared.

En algunas ocasiones, las mentes de los niños están llenas de preocupaciones y miedos que desconocemos. Es útil intentar que nuestras mentes retrocedan (quizá no a los 2 años, pero sí a los 4 o a los 5) y recordar lo reales que pueden resultar los miedos infantiles. Es un gran alivio para los niños cuando pueden empezar a distinguir la realidad de la imaginación. Incluso ser capaz de reconocer que lo que sucedió era un sueño les resulta de gran ayuda; los niños muy pequeños no pueden hacer esta distinción y experimentan los sueños como si fueran la vida real. Una noche, Daisy se despertó llorando y al principio sus padres no podían entender lo que decía, pero finalmente consiguió articular: «Papá se ha comido todas las galletas». Puede parecer muy trivial, pero Daisy había tenido un sueño muy importante para ella, ya que era la que se quedaba sin nada. Estaba convencida de que su padre se había comido de verdad las galletas y tuvieron que consolarla y explicarle que no era así.

La palabra y la comunicación

Los ejemplos de los sueños de Sarah y de Daisy nos muestran la importancia que tiene la adquisición del lenguaje. Cuando los temores pueden expresarse en palabras ya no dan tanto miedo y cuando las explicaciones se entienden alivian la ansiedad. Por supuesto, hay innumerables modos de comunicación no verbal, y los bebés los utilizan plenamente, pero algunas cosas únicamente pueden comunicarse con palabras y la creciente capacidad de los niños para expresarse con palabras aumenta en gran medida su control sobre el mundo.

Ya se sabe que la edad en que se adquiere el lenguaje puede variar mucho de niño a niño. Es uno de los principales focos de preocupación de los padres. Un niño puede decir sus primeras palabras cuando tiene 1 año y otro puede esperar a los 3 antes de articular nada. Jessica no empezó a hablar muy pronto, pero sí que entendía las cosas muy bien y tenía más lenguaje en su mente del que normalmente salía al exterior, como se hizo evidente cuando la llevaron al hospital para un análisis de sangre a los 2 años y medio. No le gustó nada que el médico le sacara sangre y cuando éste volvió para decirle a la madre que los resultados estaban bien, la previamente casi muda Jessica explotó: «¡Sangre no!¡Sangre no!¡Docodilo!». Bajo presión, no únicamente fue capaz de producir una instrucción meridianamente clara acerca de que no le volvieran a sacar sangre, sino que además hizo una inteligente combinación de «doctor» y «cocodrilo» para expresar su idea de que el doctor era malo.

A veces, incluso puede resultar un pequeño problema ser capaz de hablar, como observó la madre de Nathan. Era muy bueno hablando y pasaba mucho tiempo con adultos con los que podía practicar a menudo. Un día, en el parque, se dirigió a un niño de su edad y le dijo: «Hola, me llamo Nathan». El otro niño le miró con incredulidad, a lo que Nathan repitió: «Hola, me llamo...», pero no pudo terminar, porque el otro niño, molesto con esa personita que se interponía en su camino, le empujó y Nathan, desconsolado, se cayó al suelo. Los adultos esperaban de él que se comportara de un modo más maduro de lo que le correspondía; sin embargo, su madre llegó a la conclusión de que, aunque Nathan estaba muy avanzado en sus capacidades lingüísticas, seguía siendo tan pequeño e infantil como el resto de niños de su edad y tan vulnerable, sorprendido por la vida y contento con las cosas de bebé como los demás.

Otras veces, era él mismo quien se presionaba para comprender conceptos difíciles, como si quisiera ser adulto antes de tiempo. Todos los niños viven en un mundo que en cierta medida les sobrepasa y tienen que ser capaces de dejar que haya cosas que se les escapen, porque aún no pueden comprenderlas. A veces suceden cosas, como una muerte o un divorcio, que tienen que ser explicadas al niño, lo que resulta muy difícil para los padres, que saben que tienen que decir algo al respecto, pero no saben qué. Quizá todo lo que se puede hacer es empezar a comunicar sabiendo que tendrá que repetirse más adelante. La muerte de un abuelo no es algo infrecuente y está claro que un niño de 2 años no puede conceptualizar la muerte directamente. La idea de que alguien se ha ido y ya no volverá más resulta demasiado atemorizadora como para eso.

A estas edades hay toda clase de temas, a veces muy importantes, que deben abordarse en términos muy sencillos, y los padres deben ser conscientes de que se necesitará mucho tiempo, a veces años, para que el niño los asimile plenamente. Estos temas incluyen la adopción, la ausencia del padre o de la madre, que el niño tenga dos padres del mismo sexo, la muerte de uno de los padres o de un hermano, etc. No sirve de nada ofrecer demasiadas explicaciones demasiado pronto, porque la ansiedad del niño aumentará ante algo que no comprende y al ofrecer más explicaciones se obtendrá el resultado opuesto del que se pretende. También puede conseguirse que el niño repita explicaciones complejas (esto hubiera sido fácil, por ejemplo, con Nathan, muy hábil verbalmente), pero sin comprender nada de lo que está diciendo. En este sentido, como siempre, es importante recordar la edad del niño y que su mente es tan delicada, vulnerable e inmadura como su cuerpo.

La televisión y el vídeo

La televisión es un tema completamente diferente, pero al mismo tiempo está muy relacionado con el lenguaje. Si nos creemos las investigaciones publicadas en los periódicos, los niños de 2 y 3 años pasan una gran cantidad de tiempo sentados ante la televisión. Hay muchos padres preocupados por esto que intentan descubrir por ellos mismos qué es lo que debe hacerse al respecto. ¿Qué puede entender el niño de 2 años y qué le puede resultar beneficioso?

Puede resultar útil pensar en el aspecto que tienen los niños cuando miran la televisión. Muchas veces están absortos, con los pulgares en la boca y los ojos fijos en la pantalla. Si esto se combina con berridos horripilantes cuando se les apaga la televisión, como si se hubiera separado algo que hasta ese momento estaba pegado, podemos estar bastante seguros de que sus mentes estaban relativamente inactivas. Han encontrado una manera de rellenar huecos. «Bueno, ¿y cuál es el problema?», podría preguntar alguien. Es cierto que parece bastante inofensivo si hablamos de breves períodos de tiempo, todos utilizamos la televisión como canguro a veces y, mientras no vean cosas que les puedan alterar, parece una manera razonable de pasar el tiempo entre la cena y la cama.

Resulta extremadamente revelador comparar este tipo de observación pasiva con la participación real, cuando el niño está verdaderamente interesado en algo. O la diferencia cuando el niño ve la televisión con un adulto, momento que puede ser parecido a la lectura conjunta de un libro. Todos tenemos que tratar con la televisión; lo difícil es saber cómo satisfacer la necesidad de discriminar y de ver lo que realmente queremos ver. Es casi como si la manera de ver la televisión con los ojos pegados a la pantalla fuera adictiva y el niño no pudiera dejar de hacerlo. Puede ser que ahora, cuando hay tantos vídeos adecuados para niños pequeños, ver vídeos pueda ser casi como escoger un libro para leer una y otra vez. Esto podría eliminar parte de la pasividad que llevó al padre de Jessica a decir: «Esta cría podría mirar las noticias en gaélico» (y déjenme añadir que la familia no hablaba ni una palabra de gaélico).

Hay otra fuente de preocupación diferente, que no tiene nada que ver con que el niño esté sentado delante de la televisión sin absorber nada, sino con todo lo contrario, es decir, con que absorba contenidos inadecuados. No hablo de imágenes absolutamente inadecuadas para un niño, como la pornografía o la violencia, todos sabemos que este tipo de cosas no les hacen ningún bien; pero es posible que, aunque el nivel de inadecuación sea menor, haya cosas que puedan estar bien para niños mayores, pero no para los tan pequeños. Ésta puede ser otra área en que es importante que el adulto a cargo del niño sepa lo que está pasando.

Quizá suene muy anticuado, pero sí que se puede estar demasiado activo. Hay programas de televisión que pueden estimular excesivamente a un niño. Sam se obsesionó con un vídeo que había visto con los hijos del vecino y pedía volverlo a ver una y otra vez, despertándose varias veces por la noche con el vídeo en la cabeza. Es evidente que el vídeo fue demasiado fuerte para su joven sistema. Es fundamental que en cada estadio de su desarrollo el niño pueda comportarse según la edad que le corresponde.

Los adultos en el mundo del niño

Para terminar, si pensamos en el carácter en desarrollo del niño de 2 años, debemos tener en cuenta a los adultos significativos de su vida y la esfera más amplia de la familia. Los abuelos, los tíos, las tías y los primos tienen la ventaja de que no se van a ninguna parte. Son diferentes de las canguros o profesoras porque, en general, están siempre ahí, en algún sitio. Tal y como admitió con reticencia una adolescente: «Bueno, supongo que sé que es probable que incluso la que peor me cae de mis tías me apoye siempre».

El niño tiene que empezar a aprovecharse al máximo de la familia que le ha tocado. Por supuesto, las familias a veces pueden ser una maldición tanto como una bendición, pero es muy gratificante y reconfortante para un niño saber que se pueden establecer relaciones duraderas más allá del círculo inmediato. Por ejemplo, no es extraño que haya personas que resulten ser mejores abuelos que padres, parece que aprendieron algo en el camino. Pueden ofrecer diferentes perspectivas y ritmos. Los tíos y las tías jóvenes pueden resultar ayudantes y canguros entusiastas y el niño puede establecer relaciones reales y duraderas con ellos.

5

Los padres

Un trabajo duro

Este breve capítulo reconoce lo complicado y duro que puede llegar a ser el trabajo de criar a un niño de 2 años cuando nos lo tomamos en serio y, especialmente, cuando no tenemos experiencia en ello. En el capítulo anterior hacíamos referencia a abuelos que han aprendido cosas por el camino: una madre ya experimentada que había criado a un niño y a una niña con éxito recordaba esos años con algo de pesar. Se acordaba de cómo había luchado para compaginar su carrera profesional con el profundo compromiso con sus hijos y dijo que ahora (y sólo ahora) sentía que realmente podía disfrutar cuidando a niños pequeños. «Bueno —dijo—, supongo que me estaba entrenando para ser abuela.»

Esto no quiere decir que no hubiera momentos en que obtuviera un gran placer de la compañía, progreso y personalidad de sus hijos; lo que sucede es que es difícil estar con un niño veinticuatro horas al día. ¿Y por qué? Esto nos lleva a otro punto que resulta interesante. ¿De dónde sacamos la experiencia y el conocimiento para criar a nuestros hijos? Se puede responder de varias maneras a esta pregunta: habrá gente que dirá que ayudaron con sus hermanos pequeños, que hicieron de canguros cuando eran adolescentes, que tienen un interés profesional en los niños, que han leído mucho para prepararse o que fueron padres sin tener ningún tipo de conocimiento previo. A pesar de que todo esto puede ser absolutamente cierto, hay otro factor que se debe tener en cuenta: todos hemos tenido 2 años. La experiencia de tener 2 años sigue en nuestro interior, en las profundidades, pero ejerciendo una gran influencia, del mismo modo que nuestra experiencia de tener 12 años o 22.

Esto tiene sus ventajas y sus inconvenientes. Entre los inconvenientes se encuentra el modo en que se reavivan las angustias de nuestro yo de 2 años. Sabemos demasiado bien lo insoportable que puede resultar ser pequeño y débil e intentamos evitarlo. Pero, por otro lado, esto es al mismo tiempo una ventaja. Así es como entendemos cómo deben sentirse ellos. Necesitamos tener una línea directa con sus sentimientos, pero al mismo tiempo debemos aferrarnos a lo que sabemos como adultos. El tira y afloja entre las dos posturas provoca una tensión agotadora.

Es más, a la tarea de ser padres, le añadimos una gran cantidad de lo que podemos llamar «historia». La infancia de nuestros hijos nos recuerda a la propia y ésta es la experiencia que utilizamos, muy a menudo sin ni siquiera darnos cuenta. Una persona que hace décadas fue un bebé bien cuidado tiene muchas probabilidades de cuidar bien a su propio bebé cuando le toque. Cuando nuestros hijos llegan a la primera infancia, evocamos nuestros primeros años de un modo fantasmal y poderoso, oculto.

Las historias pueden retroceder más de una generación. La madre de Daisy y Annie, que tenía que vérselas con la rivalidad entre las dos niñas, no podía entender por qué le estaba costando tanto controlar a una niña y a un bebé. Recordaba que ella y su hermano mayor habían tenido algunos problemas de celos, pero no era lo mismo. Sin embargo, mucho tiempo antes, su madre había sido una de dos hermanas; la otra era una niña de la misma edad y había sido adoptada de forma imprevista porque se había quedado huérfana. ¿Podría ser que hubiera conflictos no resueltos? Si todo va bien, no hay por qué preocuparse. Es únicamente cuando los padres se enfrentan a problemas que parecen no querer solucionarse cuando hay que ir un poco más allá y, quizá, tener en cuenta que la experiencia que los padres han aportado a la tarea puede ser útil. ¿Cómo fue su infancia? ¿Cómo fue la infancia de sus padres?

Cuándo preocuparse

Muchos padres de niños pequeños se preocupan mucho, de modo intermitente, y especialmente cuando se trata de su primer hijo. Sin embargo, la experiencia trae consigo algo de confianza a la hora de saber cuándo debe uno preocuparse. Los niños muy pequeños no pueden solucionar sus propios problemas, conflictos, miedos o angustias; cuidar de ellos implica no sólo intimidad física, sino también intimidad mental. Sentimos con y por ellos, por lo que tendemos a experimentar sus subidas y bajadas.

¿Qué pasa con los problemas que no se solucionan? Jasmine era una madre soltera con un niño pequeño, Joe. En lugar de ir ganando independencia, a Jasmine le parecía que Joe dependía cada vez más de ella. Parece extraño decir que un niño de 2 años hace una regresión y se comporta como un bebé, cuando casi no ha dejado de serlo, pero Joe estaba decidido a no dormir solo, se negaba a comer y no mostraba la menor intención de abandonar los pañales. Había ido a la guardería durante un tiempo, pero entonces empezaron los problemas con las despedidas de las mañanas. La gota que colmó el vaso fue cuando una de las trabajadoras de la guardería llamó a Jasmine para decirle que Joe estaba siempre de mal humor y que se mostraba agresivo con los otros niños.

Hay una regla muy sencilla que establece que se debe prestar atención a todas las facetas de la vida del niño: ¿come?, ¿duerme?, ¿se lleva bien con los otros niños?, ¿se divierte?, ¿aprende cosas nuevas? Si tan sólo son algunas las áreas alteradas, parece razonable esperar un poco y observar lo que sucede, o quizá proporcionar un poco más de atención o de cariño. Por ejemplo, cuando Simon pidió el biberón poco después de que su hermanito naciera, sus padres pensaron que era mejor dárselo a la primera que montar una discusión; se lo dieron con un abrazo y le dejaron que lo chupara sentado en el regazo de la madre, en lugar de hacer que lo pidiera una y otra vez. Durante este período de la vida de Simon se encontraba realmente alterado: tenía problemas de sueño y de vez en cuando se negaba a comer, pero al mismo tiempo daba muestras obvias de desarrollo, como por ejemplo la adquisición de un vocabulario cada vez más amplio. La situación entra dentro de la categoría de las «alteraciones temporales» y se hacía soportable porque resultaba evidente que era el nacimiento del nuevo hermano lo que había afectado a Simon; es decir, la causa del problema estaba clara. Por el contrario, Jasmine y Joe se encontraban en una situación diferente. Joe empezó a mostrarse agresivo en casa además de en la guardería, tenía rabietas que no parecían acabar nunca y había problemas en todas las áreas. ¿Qué es lo que pasaba? No se soluciona mucho tratando de encontrar culpables, pero sí que es muy recomendable intentar aclarar una situación que al principio parece incomprensible y sin sentido. Jasmine pensaba que había tenido muy mala suerte al tener que criar a Joe ella sola. Que le hubiera salido un niño tan difícil ya le parecía lo último. No tenía ni madre ni hermanas que la pudieran ayudar. ¿Qué podía hacer?

Al final fue al médico de familia, quien le sugirió que quizá la asistente social podría ayudarla. A la asistente social, una mujer amable y con mucha experiencia, enseguida le pareció evidente que Jasmine estaba deprimida. De hecho, cuando Jasmine se puso a hablar y a pensar en ello, se dio cuenta de que ya llevaba así bastante tiempo; durante los últimos meses, desde que su pareja los abandonó a ella y a Joe, se había sentido cada vez más sola, triste y baja de moral. Tiene sentido pensar que Joe estaba reaccionando con rabia a su sensación de que a mamá le pasaba algo. Todos sus esfuerzos por animarla no sirvieron de nada, así que acabó entristeciéndose y deprimiéndose él y empezó a no comer y a no dormir bien. Estaba enfadado y asustado: enfadado con su madre, por no ser ella misma, y asustado de quedarse solo o de irse, porque estaba preocupado por ella. Además, se preguntaba adónde se había ido su padre, a pesar de que la relación de Jasmine con él siempre había sido complicada.

Jasmine tenía mucho sobre lo que reflexionar y se dio cuenta de que lo había estado evitando. La asistente social arregló las cosas para que pudiera ver a un psicólogo en el centro de salud, lo que le resultó de gran ayuda, porque Jasmine tenía demasiadas preocupaciones como para llevarlas ella sola. A medida que se fue recuperando, pudo pensar sobre qué tipo de relación podría tener con el padre de Joe para que éste pudiera verle y también volvió a interesarse por la gente y por actividades, por lo que dejó de pensar que la vida se había terminado para ella.

Joe se fue recuperando rápidamente a medida que su madre se encontró mejor, renovó sus amistades y pensó en buscar un trabajo.

Dificultades familiares

Tal y como hemos visto en el caso de Joe, los niños de 2 años frecuentemente actúan como sensores, son como una especie de barómetro o de termómetro que reacciona al clima o la temperatura familiar. El niño de 2 años sólo está empezando a separarse como individuo, y tiende a reflejar la situación familiar aún más que los niños mayores.

Lucy y Matt decidieron dar un gran giro a sus vidas. A Lucy le ofrecieron un ascenso y un importante aumento de sueldo si aceptaba un puesto de trabajo en una ciudad lejana. Como las casas eran más baratas allí, ella y Matt decidieron que lo mejor que podían hacer era aceptar la oferta y que Matt dejara su trabajo y se ocupara de la casa y de Ned. Pero la decisión tuvo que tomarse muy rápidamente y los cambios para todos fueron enormes, no sólo en lo que concernía al nuevo rol de Matt y a las larguísimas jornadas de trabajo de Lucy, sino que también dejaron atrás a los abuelos, que les estaban ayudando muchísimo.

El que aparentemente reaccionó peor a toda la situación fue Ned, que empezó a engancharse a las piernas de su madre para impedir que se fuera al trabajo y, cuando ésta finalmente conseguía marcharse, lloraba y gritaba desconsoladamente de un modo que Matt encontraba totalmente insoportable. Entonces, el eccema de Ned, que había desaparecido, volvió con creces; se cayó en la guardería y tuvieron que llevarlo al hospital con un golpe muy fuerte (aunque no peligroso) en la cabeza. Al final, Lucy y Matt acabaron discutiendo malhumorados la mayor parte del tiempo que estaban juntos; las peleas se centraban en la educación de Ned, que cada vez se volvía más difícil de controlar.

Fue una temporada terrible para todos. Empezó a solucionarse únicamente cuando una prima de Lucy vino a visitarles y tuvieron la oportunidad de hablar de la situación general y no únicamente de la constante queja de los padres acerca de Ned. La conclusión a la que llegaron Lucy y Matt es que se habían precipitado al tomar la decisión y no habían reflexionado lo suficiente sobre si Matt podría soportar estar todo el día en casa o si Lucy realmente quería estar fuera desde las 7 de la mañana hasta las 8 de la tarde. Probablemente, tendrían que negociar ciertas cosas en cuanto Matt terminara con las reformas de la casa.

En esta situación parecía que el problema era Ned, pero, de hecho, la cuestión era que toda la familia había tenido dificultades para adaptarse a unos cambios tan radicales. En términos generales, los niños de 2 años reaccionan con mucha fuerza.

Problemas con el niño

Cometeríamos un error si pensáramos que los problemas nunca pueden originarse en el propio niño. Si recordamos a Ben, que quería tirar a Ruby del sofá, está claro que los celos y la envidia eran suyos y que no tenían nada que ver con nadie más. Tanto él como Danny, el que maltrataba a Nathan, habían acabado en lugares muy parecidos, aunque por diferentes motivos. Ben se sentía tentado de atacar a su hermana cuando su madre salía de la habitación y volvía deshecha en sonrisas diciendo lo bueno que era con Ruby. Del mismo modo, las regañinas de sus padres hacían que Danny atacara a Nathan a escondidas. Ninguno de los dos niños tenía padres como los de Jessica, que sorprendió a su madre al agredir a una niña más pequeña que le había quitado el cubo de arena. La madre de Jessica, aunque con cierto malestar, pudo tolerar una visión de Jessica menos que perfecta. En definitiva, fue capaz de tomárselo con filosofía y pensar que, al fin y al cabo, Jessica no dejaba de ser una persona.

Los celos hostiles de Ben se ignoraban y se descartaban como si no formaran parte de él. Tachaban los ataques de Danny sobre Nathan de malos y maleducados, en lugar de pensar que podrían intentar comprenderle. Sus padres no se daban cuenta de que una cosa es ser malo, cuando el niño tiene la posibilidad de elegir (y ejercitar esa posibilidad) entre actuar de un modo o de otro, y otra bien diferente es ser algo más que malo, y mostrar una cierta alteración que hacía que Danny se sintiera impulsado a atacar a Nathan y fuera incapaz de detenerse. Necesitaba ayuda, probablemente que estuvieran encima de él y que se impidiera que se quedara a solas con Nathan, y también ayuda más general, en el sentido de que se entendiera que es inevitable que un niño cuya familla tiene problemas acabe teniéndolos también.

Situaciones familiares complejas

Hay muchos niños que se encuentran con familias que son más complejas que problemáticas. Por ejemplo, ¿qué pasa con el niño recién llegado a una familia reconstituida en la que puede haber hijos por parte de ambas partes? ¿Qué pasa con los niños cuyos padres son del mismo sexo, donde las preguntas «¿De dónde vengo?» y «¿Quién me hizo?» son muy complicadas de contestar? Hay niños como Joe, cuyos padres están separados, niños que tienen cuatro progenitores y niños cuya madre o padre son solteros por propia elección.

¿Hay que preocuparse? ¿Podemos decir algo que sea útil acerca de las formas nuevas y diversas que están adoptando las familias? Una cuestión que es importante tener en cuenta es que el niño de 2 años está forjando su identidad futura, lo que ya es en sí mismo un proceso complicado que depende no únicamente de lo que el niño ve y escucha, sino que también está en función de *cómo* el niño interpreta lo que ve y lo que escucha. Se suele otorgar una importancia exagerada al «condicionamiento»: a veces, oímos decir que cierto individuo se ha comportado de un modo concreto porque la sociedad, sus padres, u otra persona le marcaron. Quizá sí. Pero también debemos tener en cuenta la cantidad de casos que se producen y, quizá, nos tranquilice pensar que la influencia de los padres es limitada, que hay otras familias, sucesos, gente y situaciones que también desempeñan su papel a la hora de moldear la vida de un niño, sin hablar ya de la gran importancia de la propia personalidad del niño.

Los seres humanos nos adaptamos a las diferentes situaciones y tenemos muchos recursos. Siempre que pensemos en niños pequeños, debemos recordar que son muy vulnerables y dependientes y que nunca pueden actuar como ayudantes de los adultos y mucho menos como sus compañeros. Por supuesto, pueden ayudarnos, y la ayuda que nos ofrecen con más frecuencia es la de ser ellos mismos. El niño de 2 años, con su energía y su desarrollo constante, suele ser el foco de esperanza de la familia, la esperanza de que las cosas irán bien y que quizás incluso irán mejor que en el pasado.

Conclusión

Durante el tercer año de vida se alcanzan hitos de desarrollo asombrosos. Al principio, hay una gran discrepancia entre los diferentes niveles de destreza de los niños. Algunos tienen grandes capacidades físicas y son capaces de correr y escalar y dan muestra de estar muy interesados por los juegos de pelota. Otros han perfeccionado su motricidad fina y pueden concentrarse en juegos de construcción o en otros modos de juntar cosas. Algunos utilizan los cubiertos a la perfección y otros se mantienen limpios y secos durante el día y la noche, mientras que otros pueden formar oraciones bien estructuradas y tomar parte en conversaciones complejas.

Por otro lado, hay niños cuyos brazos y piernas trabajan con mucha menor energía y confianza en sí mismos y son tan capaces de subirse a una silla o de darle una patada a una pelota como de volar; hay otros que no sienten ningún interés por los juegos de construcción, y están los que no tienen demasiadas ganas de aprender a comer solos y que se resisten con fuerza a la idea de tener que utilizar el orinal. Y, finalmente, está el gran grupo que casi no sabe hablar aunque sus capacidades de comunicación no verbal sean excelentes.

Cuando alcanzan el tercer cumpleaños, la situación se ha igualado mucho. La mayoría de los niños de 3 años ya anda, habla y controla sus esfínteres, con mayor o menor maestría. El niño de 3 años ya tiene una mayor conciencia de sí mismo y muestra una mayor capacidad de jugar con otros niños, a los que considera como personas individuales. Este proceso es largo y no ha hecho más que empezar: al comienzo del tercer año, justo después del segundo cumpleaños, el niño aún necesita estar vinculado a una persona mayor. En una situación grupal, ya sea en la guardería o en una situación social, el niño de 2 años se relacionará preferentemente con los adultos al mando. Poco a poco, la capacidad de relacionarse con niños de su edad irá creciendo y, para cuando llegue el tercer cumpleaños, las primeras amistades empezarán a ser posibles. La cooperación, el juego conjunto y el unirse a juegos de otros probablemente ocurran muy esporádicamente al principio, pero ya se ha iniciado el proceso mediante el cual el bebé se convertirá en un niño que a los 4 o 5 años ya será capaz de disfrutar de algunas relaciones independientes cuando empiece la escuela. Esta habilidad depende de la toma de conciencia gradual por parte del niño de que las demás personas son individuos con sus propias emociones, deseos, gustos y manías; ya no existen únicamente en relación con el niño, sino que tienen una vida propia e independiente.

Nunca dejamos completamente atrás nuestra infancia, siempre hay algo en nosotros que cree en la magia, buena y mala, y en que nuestros padres existen únicamente como tales y no como seres humanos normales sin ningún tipo de poder especial sobre nosotros. Esta parte de nuestra personalidad, ya esté plenamente activa o muy enterrada, todavía siente que nos deben cuidar de un modo casi mágico, que todos nuestros deseos deben ser satisfechos, todos nuestros problemas solucionados y todos nuestros temores disipados. El niño de 2 años nace como ser humano, donde los milagros no suceden y la magia no existe, pero tan sólo está empezando a descubrirlo.

En cierto modo, es una decepción darse cuenta de que no tenemos el control absoluto. El niño de 2 años trata de replicar en el mundo exterior su convicción interna de que es todopoderoso. A menudo resulta complicado no estar de acuerdo con esta fuerte convicción y siempre podemos encontrar adultos que se sienten tentados de seguirle la corriente al niño en su convicción de que no tiene que irse a la cama, no tiene que comer lo que no le gusta y no tiene que dejarles tiempo a papá y mamá para que estén solos. Hacer todo lo contrario también resulta una tentación, según la creencia adulta de que resulta peligroso ceder ante los deseos de los niños. El modo adulto y maduro de proceder puede ser complicado de encontrar y mantener, pero es la manera de cuidar a una persona muy inmadura y ayudarle a ver que la realidad es dura, pero que es nuestra única salvación. Asumir que uno no es ni el rey del universo ni un gusano inmundo es una tarea que dura toda la vida. El niño de 2 años está aprendiendo a ver lo que realmente puede conseguir, qué control real tiene sobre sí mismo y su entorno y sigue en el proceso de asentar los cimientos de lo que será su personalidad adulta.

Lecturas recomendadas

Bowly, J., *The Making and Breaking of Affectional Bonds*, Londres, Tavistock Publications, 1979.

Daws, D., *Through the Night: Helping Parents and Sleepless Infants*, Londres, Free Association Books, 1989.

Fraiberg, S. H., *The Magic Years: Understanding the Problems of Early Childhood*, Londres, Methuen, 1976 (trad. cast.: *Los años mágicos*, Alcoy, Marfil, 1969).

Harris, M., *Thinking about Infants and Young Children*, Strath Tay, Perthshire, Clunie Press, 1975.

Hindle, D. y Smith, M. V. (comps.), *Personality Development: A Psychoanalytic Perspective*, Londres y Nueva York, Routledge.

Phillips, A., *Saying «No»: Why It's Important for You and Your Child*, Londres, Faber and Faber, 1999 (trad. cast.: *Decir «no»: por qué es tan importante poner límites a los hijos*, Barcelona, Círculo de Lectores, 2005).

Waddle, M., *Inside Lives: Psychoanalysis and the Growth of the Personality*, Tavistock Clinic Series, Londres, Karnac, 2002.

Winnicott, D. W., *The Child, the Family and the Outside World*, Londres, Penguin, 1964 (trad. cast.: *Conozca a su niño: psicología de las primeras relaciones entre el niño y su familia*, Barcelona, Paidós, 1993).

Direcciones útiles

Asociación Española de Pediatría (AEP)

C/ Aguirre 1, Bajo derecha
28009 Madrid
Teléfono: 91 435 50 43
Página web: <www.aeped.es/infofamilia/index.htm>
Web con información para padres por edades, desde recién nacido hasta la adolescencia.

Asociación Solidaridad con las Madres Solteras

C/ Almagro, 28
28010 Madrid
Teléfono: 91 308 21 50
Centro de información y apoyo a madres solteras.

Escuela de Padres y Madres

Ministerio de Eucación y Ciencia
C/ Torrelaguna, 58
28027 Madrid

Teléfono: 91 377 83 00
Página web: <http://w3.cnice.mec.es/recursos2/e_padres/>
Web del Ministerio de Educación y Ciencia de España con orientación general sobre educación desde el primer año de vida hasta la adolescencia.

Asociación Argentina de Pediatría
Av. Coronel Díaz 1971/75
C1425DQF
Capital Federal, Buenos Aires
Argentina
Teléfono: (54-11) 4821 8612
Página web: <www.sap.org.ar>
Web con información sobre los temas más habituales que preocupan a los padres de niños entre 1 y 5 años.

Así debo crecer
Página web: <www.babyasigrow.com/home_other.php>
Web en español e inglés que trata sobre el crecimiento adecuado de 0 a 24 meses.

Mundo padres
Página web: <www.mundopadres.estilisimo.com>
Web con información detallada sobre el desarrollo del niño desde el nacimiento hasta la adolescencia.

Zona Pediatrica.com
Página web: <www.zonapediatrica.com>
Enciclopedia on-line sobre salud infantil desde recién nacido hasta la adolescencia.

Directorio Infantil

Página web: <www.directorioinfantil.com>

Directorio infantil de México especializado en el desarrollo de los niños.